TALK TO THE ENTITIES
トーク・トゥ・ザ・エンティティズ
霊と話そう

まったく新しい可能性へのいざない

シャノン・オハラ
Shannon O'Hara

日本語訳　大橋あみな
Japanese Translation by Amina Ohashi

感謝をこめて
Acknowledgments

　この本の企画を始めるきっかけをくれたカリフォルニア州マリン郡に住むケイシー・クリスプに大声でありがとうと言わせてください。彼女がいなければ、いつまでかかっていたかことか。ケイシー、あなたは素晴らしい女性です。感謝しています。本当に、本当にどうもありがとう。そしてこの本ができるまで手伝ってくれた、リアム・フィリップス、シモン・フィリップス、ステラ・ジャノウリス、ハイジ・カークパトリック、ジェスパー・ニルソン、ライアン・グランツ、ジェイソン・スタール、Q マーズ・イマンデル、リッカ・ジマーマン、そしてドナ・ハーバーに感謝します。わたしの人生と世の中をより良くしてくれた素晴らしい友人たちに感謝します。

　そして誰よりもギャリー・ダグラスに、この本だけでなく現実を超えた人生を可能にした、ひらめきとツールとマジックを与えてくれてありがとうと言わせてください。

　この日本語版を見て、そのエナジーに感動し、わたしの身体は喜びでふくれあがってしまいました。わたしの人生に素晴らしいギフトをもたらしてくれた2人、翻訳の大橋あみな、編集の鐘山まき、ありがとう！

　本当にありがとう、そしてこれよりもっといいことが？

目次

Table of Contents

プロローグ 7
イントロダクション 9

第1章 最初は… 13
子供たちが鍵を握る 15
本を読み始めるまえからオーラを読む 18
風変わりに育つ 20
継父 22
ギャリーと霊たち 24
かくれんぼ 26
翼のない航空機 28
愉快な古いイギリス 31
スピリットで具合が悪くなる 34
とり憑かれたトランク 39
ドラッグとアルコール 43
通過儀礼 47
アクセス 52

第2章 フロンティア 59
魅惑の森、魅惑の地球 60
友人の父が訪れて来た 66
ニューオリンズでの夜 73
自分への成長 80

ロビン 85
カントリークラブで 89
古い家族の友だちが訪れてきた 92
エンティティをどう役立てるか 94
がんを引き起こしたエンティティ 99
スウェーデンのとり憑かれた家 104
不気味な夜に妹を助ける 114
衛兵の交代 124

第3章 133
   2008年オーストラリアでの
   トーク・トゥ・ザ・エンティティ・クラスの記録 134

プロローグ
Prologue

　この本が生まれて産声をあげてから4年半が経ちました。これを創っている間は、世の中にこんなにも大きな影響と、わたしを含め、みんなに感動を与えることになろうとは考えもしませんでした。みんなが思っているほど自分はひどい人ではなく、世の中には全く違った可能性もあることを見てもらうため、わたしは自分の話を伝える必要があることを知っていました。この本がそれをどう成し遂げるかは知らなかったものの、今までその成果を見せてきてくれたのは確かです。

　多くの人がずっと何を察してきたのか分からなかったこと、ひどく悩んできたことが、スピリットの世界を知ることで、ようやく落ち着いてはっきり分かり、たやすくなったと感謝してくれました。他にも、この本を読んだだけでエンティティの感じ方がとても鋭くなったという人たちもいました。まるでこの本が自分の能力へ踏み込む入口となったようだと。

　トーク・トゥ・ザ・エンティティズ（TTTE）は、この4年半でとても大きくなり、これからも広がり続け、感動を与え、人々の（身体があっても身体がなくても）人生をもっと変えていくことでしょう。今や世界中にTTTEのファシリテーターがいて、TTTEとアクセス・コンシャスネスの驚くほど簡単で効果的なツールやプロセスを人々に紹介しています。人々に示されたエンティティに対する恐れと戸惑いを取り除く方法や、深い気づきへとつながること、可能な世界に触れることなどは、50年前はあり得ないことで、おとぎ話の中のことと考えられていました。

わたし自身、そして多くの TTTE ファシリテーターが、エンティティを怖がるのは遠い過去のものとなるような未来に向けて働きかけているのです。それはスピリット界に関する迷信、ヒステリー、力のなさが例外であり普通ではない場所です。わたしとしては、スピリットのコンシャスネスが広く知られ扱われ、アクセス・コンシャスネスと TTTE のツールが、人々に力を与えるためのどんな基礎教育でも使われるような未来が見られたらと思っています。また精神病施設において薬で治療されるよりも、教育に使われているところを見られたらと思っています。

スピリットの世界が暗闇から抜け出し、光が当てられ、みんながそこで安らぎを感じられるような未来が見たいのです。死が終わりだと怖がることもなく。スピリット界からの声を聞いたとしてもひどくジャッジされることもなく、多くの人が解放されるであろう、アウェアネスの鍵を握っていることを隠したりすることもなく。

もしあなたがこの本を読むのが初めてであれば、ぜひ楽しんでいただけるといいのですが。そして読みながら、電気のスイッチが切れてしまうこともあるかもしれませんが、あなたの世界を開く鍵を見つけることができるかもしれません。そしてもし、あなたがこの本をまた読み返しているのであれば、それらの鍵であなたの知るもっと深いところへ行けるかもしれません。アクセス・コンシャスネスのツールをしっかりとあなたの手に握ることで、どんなもっといいこと、そして何がもっと可能になる？

イントロダクション

Introduction

　コスタリカの熱帯雨林の中で、わたしは友だちのトーニャと最近亡くなった彼女の妹と一緒にテーブルを囲み座っていました。そうです。死んだ妹。わたしの友だちは目に見えてつらそうで感情的になっているようでした。双子の妹がいなくなって寂しかったのです。わたしにはトーニャの妹がそのテーブルを一緒に囲んで座っていたのが見えていました。わたしのちょうど正面に座っていましたが、トーニャの目にはまるで透明な空気のように、見えてはいませんでした。

　あっ、すみません。ご挨拶させてください。わたしはシャノン・オハラです。わたしには死んだ人々が見えます。この星にはエンティティの声が聞こえたり、姿が見えたり、話しをしたり、気づくことができる人々がいます。わたしはその中の一人です。わたしは生まれてからずっとエンティティとコミュニケーションを行ってきました。この本では、わたしが人生の中で呪われているように感じていた頃の話をしていきます。そんなところから、この能力を贈り物だとありがたく思えるようになるまでと、変容していくため、そしてコンシャスネスへの扉のドアが開かれていく様子を話していきます。

　さて、わたしはトーニャと彼女の死んだ妹とそこにいました。友だちを元気づけようと、妹を永遠に失ったわけではなく、一緒にここに座っていて彼女の手を握っていることを伝えようとしていました。わたしの友だちは是が非でもそれを信じたい気持ちだったものの、彼女には飛躍し過ぎた話で、本当のことを分かってもらうには、骨が折れそうなことでした。どうしたらわたしたちの

世界から彼女の妹のいるスピリット界へとつなぐ架け橋を建ててあげられる？もしその橋を建てたらトーニャはそれを渡って行くことができる？

　わたしがトーニャの妹のスピリットを見ることができて、どうしてトーニャ自身には見ることができないのでしょう？　そう、そのことは宇宙の最大のミステリーの一つでしょう。どうして上手く泳げる人と、そうでない人がいるのでしょう？　上手く泳ぐ才能を持って生まれて来る人もいますよね。わたしはただ死んだ人（他にもたくさんの変なもの―その話はまた後で）を見る才能を持って生まれて来ました。いやが応でも、そういうものなのです。人はこのことを奇妙なことだと思ったり、怖がったり、または興味をそそられたりするようです。わたしにとっては、そのすべてが当てはまっていました。自分が見えるものに、恐怖を感じていた時期もあります。そしてまた、強く興味をそそられ敬ってもきました。これまでの7年間、わたしは人々が亡くなった身内とつながり、スピリットのことと、自分たちで彼らとコミュニケーションをとる方法を教えてきました。

　時には、これはとても簡単で、またある時には、死後についての彼らのポイント・オブ・ヴューを変えるのにとても苦労することがあります。スピリット界のことを快く認めようとする人もあれば、その存在すら激しく否定する人もいます。当たり前ですが、激しく否定する人たちはわたしに会いに来て話したりすることは通常ありません。

　トーニャの本心はどうであれ、妹のことから立ち直りたいと思っていました。トーニャと話しを進めていくにしたがい、はっきりしてきたことは、トーニャはそこに一緒にいる妹のスピリット、つまり妹の無限のエナジーを感じて受け止めようとするよりも、妹の死を嘆き悲しむという感情を抱えていることに興味があるということでした。トーニャがこのことを認めようとするならば、彼女が築いてきた現実という基盤を激しく揺るがすことになるでしょう。身体を持たない妹がそこで一緒に座っていることを認めることができたら、彼女が真実だと信じ込んでいたものはどうなるのでしょう？　彼女が見ている現実はどうなっていくでしょう？

わたしができることは、トーニャと妹の間にミディアム（霊媒）として、可能と「不可能」の間で仲介人となることだけです。

　トーニャの妹はクリアで輝いていました。とてもコミュニケーションが取りやすかったのですが、すべてのエンティティがこういうわけではありません。彼女は満ちたコンシャスネスとともに変化を遂げることができていました。そして彼女が亡くなった悲しみにくれている姉が安らぎを取り戻せるようにするため、わたしに協力してくれていたのです。

　わたしはトーニャにこのセッションで何を望むのかを聞くと、ただ妹が大丈夫かどうか知りたいと言ったのです。わたしはこういった考えを聞くたびに少し皮肉なものだなといつも思います。苦しんでいるのはこちら側に残された人たちです。ほとんどの場合、あちら側は大丈夫なのです。

　トーニャの妹は、亡くなったすぐ後からトーニャとずっと一緒にいることと、このようになってしまったことをすまないと感じていると言いました。また彼女は、トーニャが元気を出して先に進める準備ができるまで一緒にいることを伝えてほしいと言ったのです。わたしはただメッセージを伝える役だと自分に言い聞かせていました。わたしにはトーニャに愛に満ちた妹の存在を受け入れさせることはできませんでした。妹が彼女の手を握っていることを分からせてあげることもできなかったのです。わたしにできたことはただドアを開けてあげることだけで、そこに彼女の背を押して進めることはできませんでした。このことがミディアムをやっていて、最もはがゆいところです。わたしがスピリットに持っているクリアさをみんなにも与えることができれば、亡くなった愛する人に会って話すことができるでしょう。そうすれば、愛するものを亡くした人々の苦痛が和らげることができるはずです。

　しかし、わたし自身もスピリットの存在が本物だと認めることができるようになるまで苦労したことを思い出します。そうです、わたしでさえ長い間、それを認めようとはせず、かき消そうとしていました。それはまた後で詳しく。

　わたしがいなくてもトーニャが妹とコミュニケーションができるよう、二人が

つながれる方法を見つけようとしていました。わたしは自分たちでできるようにツールやプロセスをみんなに与えたいと強く願っています。誰もがわたしがやっているようなことができると信じているのです。

　トーニャには妹は大丈夫だと何度も伝えました。実際にトーニャよりも妹の方がうまくやっているようでした。

　トーニャとこの数か月後に話したところ、面白い反応を聞かせてくれました。あの時のセッションで、わたしが妹がそこにいるのに、ただ見ようとしていないと言ったことがとても嫌だったそうです。でも、後になって、わたしが言ったとおりにそこに妹がいるのが見えるようになったそうです。そして自分のまわりのそこらじゅうに妹がいる兆しが感じられたのだそうです。自分の感情や気持ちが、妹が伝えて来るものを拒んでいたことに気づき出したのです。トーニャの持っていた感情や気持ちにそぐわないものは受け入れたり察したりすることを、その感情がブロックさせていたのです。もしトーニャが、身体がなくても妹がまだ一緒にいることを認めていたら、こんなにも嘆き悲しみ続けていたでしょうか？

　トーニャは、妹のスピリットが本当に自分のまわりにいるのに、悲しみに埋もれてはいられないことに気づきました。彼女は妹とコミュニケーションができることにも気づきました。それは以前のような言葉やしぐさを用いたものではなく、エナジーと気づきによるものでした。ついにトーニャには妹とコミュニケーションをしている時の感じがつかめてきたのです。その感覚やわずかな兆しが分かるようになってきました。そしてゆっくりと妹が手伝ってくれたおかげで、トーニャはものの見方が変わっていったのです。妹の死で感じていた絶望が、別の世界へ、そして別のビーイングへの変容を可能にしたのです。冗談ではなく、不可能が可能となったのです。そして他にどんなことが可能？

Part One In the beginning…

第1章

最初は…

「わたしたちが最も恐れているのは、
自分が無力だということではない
わたしたちが最も恐れているのは、
自分が計り知れないほどパワフルだということ
闇の自分ではなく、光を放つ自分が怖いのだ」

〜マリアン・ウィリアムソン〜

子供たちが鍵を握る
Children Hold the Keys

　何もなさそうなところをじっと見つめていたり、指をさしていたりする赤ちゃんがいますよね？わたしもそんな子でした。

　まだ幼かった頃にベビーベッドに横たわっていても、ケラケラ笑ったり赤ちゃん言葉でバブバブ言ったり、何もなさそうなところに手を伸ばしていたのよ、と母がよく話してくれたものです。みんなの頭の上のスペースをあまりにじっと見ていて、自分たちのまわりや後ろに何かあるのかと大人は疑問に感じていたそうです。彼らはまわりを見回してもやはり何もありません。でもわたしにはあったのです。エンティティとそのエナジーの領域が見えていました。

　子供と大人のわずかな境界線はどこに？　知らないことや見えないものを見ようとするのをいつあきらめてしまう？

　空中にグリッドや線があり、それらがエナジーと波のようにうねって湯気をあげ、電気や色をおびて振動していたのです。わたしが見えているものについて誰もが話さないばかりか、見えても経験してもいないということに気づいたのは10歳か11歳の頃でした。

　子供の頃はテレパシーが何なのかを知らないながらも、みんなの考えていることは確かにいろいろと聞こえていました。誰かの頭が5つの異なる話を発しているのが聞こえるのは奇妙なことです。その内の1つはその人の口から発せられます。残りの4つは別のところから聞こえるのです。人がどれだ

け異なる多くの視点をその都度持つのかを知ることはとても興味深いことです。それはさながら、その人たちの過去、現在、未来の人生を一度に察するようなものです。今この瞬間、目の前に彼らが存在するのが見えると同時に、別の人生や別の次元だと後に分かるものまで見えました。目の前の人があらゆるものへと姿を変えるのが見えたのです。

人は自分自身を保とうとするのですが、その人の上やまわりに重なったもの見ているようでした。そこにいた人が次の瞬間には別の人になっていて、また次の瞬間には同じ人に戻っているようなものでした。うそではありませんよ。こうしたことは誰もが見えているのだと思っていたのです。

このことを人に話そうとすると、まるで狂っているかハンセン病患者を見るような目で見られるのはなぜなのか全く理解できませんでした。しかし徐々に、大抵の人にはこうしたことは話さない方がいい、と気づいたのです。そして話すのをやめ、だんだんとそうしたことを見たり、察したりすることもなくなっていきました。人が狂ってることだと思うならば、わたしはどこかおかしいはずですよね？

その人生であろうが過去生であろうが、みんなのやってきた「悪い」ことが見えていました。本人が意識していようがいまいが、彼らがやってきたこと、しようとしていることも見えたのです。また、ある人が明るく優しいのかどうかもわかり、人が現している明るさ暗さや、重さ軽さも見えていました。

最終的には父（継父）のおかげで、見えていたのはその人のそれぞれの転生であることに気づきました。父は、とても非日常的なことを納得させてくれるあらゆる便利なツールをたっぷり備えていたのです。

みんなが頭の中で問いかけていることに、わたしはよく答えてきました。長時間に及ぶ車での旅行中には、父とサイキック訓練ゲームをして、わたしは兄を打ち負かしたものでした。そう、アイ・スパイという物当てゲームよりも、父がある色や場所や形を考えて、わたしたちがその情報を受け伝達する訓練をしていたのです。すべての子供たちが人々の頭の中から、考えや情報を引

き出すことを学び育てられていると思っていました。そんなことはあるわけがないとか、いけないことだと言われたことは一度もありません。むしろ、そうしたことを伸ばすよう奨励されてきたのです。

　10代になり、まわりに合わせようとして大変な目にあいましたが、幼い頃はすべてが安らぎと魔法のようでした。それが魔法だとも思いもせず、そんなことがただ当たり前で素晴らしい世界の中暮らしていたのです。子供というのはなんて幸せなんでしょう！

　母が頭の中で、どれほどわたしのことを愛しているかと思いを馳せれば、「わたしもママのことが大好きよ！」と大きな声で答えたものでした。母はいつも大笑いしていました。

本を読み始めるまえからオーラを読む
Reading Auras Before Reading Books

　子供の頃は、自分が変だとか普通ではないとか考えもしないものです。でもこれは大きくなって世間の人からどう見られているのかを気にし始めるまでのことです。子供たちはきわめて多くの素晴らしいことができるのですが、大人になると久しく忘れてしまうか、葬り去ってしまいもう二度とそれらが現れることもないのです。

　6歳になったある日のこと、両親の本棚から面白そうな本を見つけました。身体のまわりに色がついたきれいな絵が載っていたのです。とても惹きつけられました。まだ字が読めなかったのですが、『光の手―自己変革への旅』という本だと母が教えてくれました。オーラとは微細なフィールドで、人や物の周囲にあるエナジーです。これはよく宗教画に描かれる聖人や天使の光輪としてみられます。わたしは、はやる思いでその本をつかみ、学ぼうと両親のベッドへもぐりこんだものです。輝くマゼンタ色の光に包まれた女性の絵を指さし、まるで母みたいだと伝えました。母はその絵の下の説明が「愛する人の死を知ったばかりの女性」と書いてあるのを読んでくれました。その数日前に母の父親が亡くなったばかりでした。

　また別の絵で粘液のような黄色に包まれている男性を指さしました。それは兄のアダムみたいだと母に言いました。その絵の説明には「コカインを吸ったばかりの男性」とあったのです。アダムはその頃ドラッグのリハビリ施設から出たり入ったりをくり返していました。

このようなことで母と継父のギャリーは、わたしがオーラが見えていることを知ったのです。両親の友人たちはわたしに自分のオーラを絵に描かせたりもしました。これはきりがないくらい楽しかったものです。そうそう、まだわたしはたった6歳でした。

　母が腹を立てて帰って来た時や、ギャリーがお金の心配をしていることも、頭や手のまわりの色から言い当てることができました。みんなの考えやムードが変わるとまわりの色も変わるのです。

　見えている色で、その人について意味を持たせたり分類分けしたりすることをしていませんでした。ただみんなの感じたことをわたしも感じて知っていたのです。ある人が別の考えを持ったり別のことを感じはじめると、その人のまわりの色が変わり動くのが見えていました。

　ものすごい怪奇現象を感じて眠りにつけないことも時々ありました。母と一緒に添い寝をしながら、彼女は自分のオーラを、わたしに読ませたりしていました。暗いところの方がよく母のオーラが見えたので、そうすることで暗いところでも怖さを耐えることができました。母とそうしているとリラックスできたので、知らない間に心地よく眠りについていました。（わたしは14歳になるまで許される限り両親のベッドか、彼らの部屋の床で眠っていました。なんてこと！）

風変わりに育つ

Growing up Weird

＊ウィアード（＊風変わりな、奇妙な、変な：weird）という言葉のもともとの意味は「スピリット、運命宿命、超自然に加わる」という意味だと知っていましたか？ 何か奇妙だなと言う時、それはスピリット、運命宿命と言っているのです。奇妙でしょう？

カリフォルニアのロサンゼルスで、1979年10月うだるような暑い日に、わたしは生まれました。その年の夏は暑く、妊娠中の母はすべての関節が、普通の2倍にむくんでしまったそうです。出産のミラクル！ 母の強い意志で、どんな薬も使わずにわたしは生まれて来れたのです。これは素晴らしいことですし、わたしはとてもラッキーだったと思います。

母は4人兄弟で、アイルランド系アメリカ移民の伝統の中で育ちました。北東ペンシルバニアの厳格な宗教とアルコールが深く染み込んだところでしつけられてきたのです。牡羊座の母は、激しい気性と強い気力を持ち合わせています。20歳で結婚もせず誰からの支援もなく、兄のアダムを生みました。もっといい暮らしを求め、強い意志があるなら西ではそれが可能だと聞いたのです。そして70年代の初め、最初の子—兄アダムを連れて行くことにしました。赤ちゃんを背負い、ほんの数ドルしか持たずに南カリフォルニアまで旅をしました。彼女はのちにメッカと呼ぶべきところを、ロサンゼルスの暖かい気候とずっと進んだリベラルな環境に見い出したのです。ゆっくりと母は映画産業への入口に足を運び、派手で華やかなセレブスターマシンの代理業へと登り詰めていきました。

この頃に母はわたしの実の父と出会いました。父は現代の放浪ユダヤ人です。イギリスはロンドンの素敵なスラム街でリトアニア―ポーランド系移民のユダヤ家庭で育ちました。ロンドンが大嫌いな青年になり、ロンドンの気候と10代で工場で働くというみじめなことから逃げ出すべく、１８の時イスラエル軍に加わりました。少し神秘的でどこか隠者のような若者には、シナイ砂漠の広がる解放感は、ロンドンの貧困やゆとりのない生活や悲しみの後には、うれしい変化となりました。

　活動休止後ロンドンに帰国したのち、さらに運よくニューヨークへのチケットが20ドルという広告をパブの掲示板で見つけたのです。ニューヨークのアートシーンなどを見たり、その他色々を経て1977年、ロサンゼルスへ向かって行ったのでした。そして間もなく母と出会ったのです。２人は他の南カリフォルニアのカップル同様に、ただ日々の生活に追われるだけでした。２人の関係をうまく保つよう試みたのですが、悲しいかなそう上手くはいきませんでした。わたしが生まれて数年後、２人は後腐れなく別れ、そしていまだに友だちとして付き合いがあります。

継父
Stepdad

　わたしが4歳の時、母はギャリーに出会いました。さっそうとしたハンサムな人が継父となったのです。母の連れ子であるわたしを彼は育ててくれ、そうしながらこの世でゴールドよりも価値のある「コンシャスネス」を与えてくれました。

　1968年、ギャリーは職を求めてカリフォルニアのサンディエゴから、静かなビーチの街サンタバーバラへと引っ越してきました。サンタバーバラには、素晴らしい山々の滝が太平洋へとなだれ込む、他に類を見ないほどの美しさがあります。山の小川で泳ぐことができ、20分も泳いでいるとその小川から海へと流れ出ていきます。ギャリーはルネサンス的教養人のようで、想像もできないくらいどんな分野にも深い知識と能力を発揮できたのです。母にとってもわたしにとっても、ギャリーは白馬に乗ったきらめく騎士のようでした。

　5歳になったわたしと母と兄のアダムは、ロサンゼルスからサンタバーバラへ引っ越し、ギャリーと新しい義理兄、スカイと一緒に暮らし始めたのです。

　ギャリーと母は「風変り」なことに夢中になっていました。わたしとスカイはそれらの幅広いさまざまなあらゆるものを見せる場にたずさわってきました。チャネリングをご存じない方、チャネリングとはその人が身体から抜け出し、別のスピリットが入って来て話をすることです。両親はチャネリングにはまっていました。木曜の午後に学校から帰ると、10人、20人もの大人が居間の床にすわり、白い服を着ている神秘的というか呪術師のような人が何か唄いな

がら両手を振っているのも珍しい光景ではありませんでした。母はわたしが学校で男の子ともめたような時にはタロットで解決するよう勧めていました。わたしがナイーブだったのかもしれませんが、どこの家庭でもこうだと思っていたのです。

　母と継父はヒッピーでもなければ精神異常者でもありませんでした。健全な職につき、子供たちにはおしゃれな服を選ばせてくれ、ピアノ、ダンス、フットボールなど望む習い事はすべてさせてくれました。彼らの世界の見方がただ違っていただけなのです。

　わたしが何か、または誰かについて不平をもらすと、母は過去の人生がどれだけ問題をもたらしているかを延々と語ったものです。

　スカイとわたしは大きくなるまで、両親のやっていることが普通でないとは考えも疑いもしませんでした。友だちはたいてい日曜日の朝には教会へ連れられて行くものの、スカイとわたしは両親が家の中で、死んだ男性が金髪の女性に入って話すのを聞いているかたわら、芝生の上を駆けまわっていました。わたしはモルモン教の友だちと一緒に教会に連れていってほしいと母にねだったものです。彼らが奉仕の終わりに出すクッキーを食べるのが大好きだったからです。

　両親と一緒の日曜日の朝には、チャネリングが行われているその部屋に出入りしてもいいし、外に出て走り回ることも許されていました。覚えていることは、両親がそのイベントに参加している部屋がどれだけ平穏だったか、部屋の空気が見えないのに触れそうな感じだったのです。まるで森のすべての木々が唄い奏でているような—それは木々の葉が風で葉ずれの音がするのではなく、木々のもつ波動によるものでした。まさにいつもそこにあるのに、はっきりと見つけることはできない。そこに参加している人の全員がやわらかな光を発していて、特にみんなの前で語っている人は輝きを放っていたのです。

ギャリーと霊たち
Gary and the Ghosts

　ギャリーがチャネリングを始めたのは、わたしが7歳の時です。そのかなり前に、彼自身いろいろなチャネリングに参加し、冒険心の強い人でもある彼は「自分もやってみたい」ただそう言って、できるようになったのです。まず3つの存在（ビーイング）とチャネリングを始めました。陽気な太った修道士ジョージ兄さん、中国人のリー先生、そしてモスクワの怪僧ラスプーチンでした。

　ラスプーチンはギャリーがチャネリングした中で歴史上知られている唯一のビーイングでした。ラスプーチンはロシアの20世紀への変わり目に生きていた人で、ヒーラー、神秘主義者、預言者として知られていました。血友病におかされていた皇帝皇后の息子、アレクセイを唯一治癒したことができた人物としてラスプーチンは有名です。ラスプーチンに会う前のアレクセイはたいへん苦しんでいて、たびたび死の危機にさらされていました。ラスプーチンはかなり変わった人物で、がさつな外見と田舎者のふるまいから、疑いの目で見られ批判されていました。ところが、魔法のように病気で何度も床につく若き皇太子に元気を取り戻させたという彼の能力を誰も否定できませんでした。

　親愛をこめてわたしたちはラスプーチンをラズと呼んでいますが、彼がギャリーの身体に入るとロシア語か、ひどいロシア語なまりの英語で話していました。ギャリー自身は＊ルーブル（＊ロシアの通貨）と＊ストリチナヤ（＊ウオッカの銘柄）以外のロシア語は一言も知らなかったのです。これらの超異常現象はチャネリングを楽しく心躍らせてくれるばかりか、まだ知られていない宇宙の神秘と人々にはどんなことが可能かということを探求していく出発点となります。

チャネリングをしているギャリーは、それぞれのエンティティによって身体の見た目も変わっていました。ジョージ兄さんが入ってくると、いつものギャリーのサイズの4倍にふくれあがり、リー先生が入ってくると目がつりあがり、アジア人の年寄りみたいに細く小さな身体になったのです。これは本当にあったのですよ。ギャリーの外見も変わっていたのです。

　わたしがおやすみの時間を過ぎても、夜のセッションにいることが許されていた時は存分に楽しむことができました。わたしはリー先生が大好きでした。彼はいつも部屋中をキラキラさせ、わたしはあちこちをくすぐられているようで笑いが止まりませんでした。ジョージ兄さんは荒々しく大声で話し、もし彼が家に来た時にわたしが眠っていたとしても、その陽気な大笑い声で必ず目を覚ましてしまうのでした。ラズはわたしにとって父親のような存在で、いつでも彼がいる時には本当に愛を感じたものです。わたしは何年も彼を自分の聖人として信奉していました。動揺したり怖がったりした時はいつも彼に見守ってほしい、助けてほしいとエナジーで伝えていました。若い女の子がずっと前に死んだ、それも悪名高き女たらしで酒癖のわるいロシア人に助けを求めていたなんて変に思われるかもしれませんが、わたしにとって彼はそんな存在ではなかったのです。彼を全く違うエナジーとして知っていたのです。

　ラスプーチンはギャリーがチャネリングしていた中で最も強力なスピリットで、他のスピリットが来なくなっても、ずっと来続けていました。ラスプーチンが生きていた時、彼は驚くべきヒーラーでした。そしてスピリットとして、この時代にやって来ることで、わたしたちが安らぎとアウェアネスを得るために力を貸してくれていたのです。

かくれんぼ
Hide-and-Seek

　新しい兄のスカイとわたしは、どちらも 1979 年生まれです。子供の頃のわたしたちは似たような身長と体重で、容姿がかなりそっくりだったのです。血がつながっていてもここまで似ていることはあまりないかもしれません。わたしたちはいつもケンカしていましたが、お互いが大好きでした。取っ組み合いのケンカをしていない時は、一緒に車庫や裏庭などで空き缶を集めたり、近所の庭からバラを採ってきて売り、数千ドルを稼ごうというビジネスを考えたりしたものでした。

　ある素晴らしく晴れた日に、ギャリーは自分のビジネスをしている近くの街、サマーランドにスカイとわたしを連れて行ってくれました。わたしたちが海岸に沿って南に向かう中、太陽はキラキラと海を輝かせ、昔ながらの家やレストラン、アンティークショップなどが丘に沿って立ち並んでいました。ギャリーは白い大きな木造家屋の前で車を停めました。その建物はアンティークショップでした。

　スカイとわたしは年が同じだっただけでなく、大人が忙しくしていて待たされている間に、外で飛んだり跳ねたりする遊びの好みが似かよっていました。ギャリーもわたしたちが外で遊んでいる方が、ネイティブアメリカンのようなワイルドな子供たちに邪魔されずビジネスができたのです。

　わたしたちには建物の中のアンティークの美しさには興味が湧きませんでした。ところが、外には陰をつくる大木や低木の植え込みがあり、さまざまなア

ンティークが庭に並べられていました。

　スカイとわたしはかくれんぼを始めました。まあ、これはスカイにとってもすごく楽しかったのですが、ちょっとずるいゲームでした。わたしには実際に姿が見える味方がいたのですが、スカイには彼らが見えることも気づくこともありませんでした。スカイが隠れる番になると、ただわたしは彼を見つけるためにアンティークショップの2階の窓を見あげればよかったのです。そこにはアフリカのお面をかぶった人が現れてくるのでした。身体は実際に見えてはいなかったのですが、お面はそこにあり語りかけてくるのでした。わたしはこのお面をかぶったビーイングは木とつながりがあると捉えていました。人は木がそこにあっても、人とするように会話をしません。木はいつもそこにいると知っていても、たいていの人は木が何を言っているかわからないものです。でもわたしは、木の声を言葉として聞き取るのではなくエナジーとして聞いていました。2階の窓に立っていた存在が直接わたしに言葉で話しかけてくるのではなく、わたしの気づきの中に声として入ってくるのです。それは考えが浮かんだり、感覚を得るのに似ていました。

　そのお面の人も一緒に遊んでいるようだと分かりましたが、もちろんスカイには分かっていませんでした。スカイがどこに隠れているのかを、お化けの友だちが示してくれるのでした。必要な情報を教えてもらうために、窓の人を視界に入れなくてもよかったのです。窓が見えない時は、ただその人にスカイがどこに隠れているか教えてくれるよう尋ねるだけでした。そうすると「低木のうしろ」とか「小屋のなか」という声が頭の中で聞こえたのです。いつもあっという間にスカイを見つけられました。彼がわたしを探すのにはいつももっと時間がかかっていたのです。おそらくスカイはこのゲームをする時、一体誰と対決しているか見当もついていなかったことでしょう。

翼のない航空機
The Wingless Airplane

　これはエンティティのお話ではありませんが、この現実の外側を見ることについてをお話しします。エンティティへの入口となる扉を開けた時、その他の普通ではないありとあらゆるものを感知できるようになります。地球外生命や空飛ぶ円盤などもこれらのひとつに過ぎません。わたしはいわゆる常識の現状から外れたところにどんな生命もあると信じています。

　わたしは学校ではあまりうまく過ごせていませんでした。先生たちは授業中にわたしがおしゃべりしたり、そこらじゅうを走り回ったり、男の子をかまったりするのをやめさせようと、かなりの時間を費やしていました。

　わたしは医者のいうところの酷い *ADD（*注意欠陥障害）でしたし、今もそうです。当時リタリンは子供に処方されることはほとんどないものでしたが、学校はわたしにそれを与えるよう両親にうながしていました。両親はこれを拒みました。わたしは注意力が欠けていたわけではなく、ただ本当に膨大なエナジーにアクセスしていたのです。わたしには屋内で机に向かって座っているよりも、朝から晩まで山を登ったり下ったりしている方が合っていたのです。

　小学校5年生の時のある先生は、なんとかわたしを座らせようとしていました。おしゃべりし過ぎで他の生徒のじゃまをしていたからです。他の子たちは6人集まって座り、わたしは1人で座らされました。ところがこの作戦は上手くいきませんでした。わたしは離れているみんなに向かってさらに大きな声を出していきました。かわいそうな先生。

すこし戻って小学校3年のある日のこと、わたしは一番好き（休憩の次に）だった科目、懐かしき体育を楽しんでいました。校舎前の大きなアスファルトの校庭にわたしたちはいました。キックベースをしていて、わたしのポジションは大好きなサード、だって、やじったりなじったり好きなだけ声をあげても動いてもよかったのですから。

　サードで踊ったり跳ねたりしながら、まわりを見まわすとそれまで見たこともないくらい大きな航空機が目に留まりました。その校庭の端から端くらいまでがすっぽり入るくらいの大きさ、およそ400メートルは軽くありました。そのすべては銀色で翼もなければ窓もなく、地面にとても近いところを飛んでいたのです。大きな葉巻のような形をしていました。

　わたしはそれに釘付けとなりました。それを見ていると、まるでわたしのまわりの音すべがそこへ吸い取られていくかのようでした。クラスのみんなの姿はまだ見えていても、彼らの声は聞こえなかったのです。そこから放たれていたエナジーは、はっきりと濃厚なものでした。でも、この校庭の上を訪れている大きなものに誰も気づいていない様子にもわたしは気づいていました。

　わたしはみんなに見てもらおうと指をさして飛び跳ね叫びました。ところが、誰一人わたしの声が聞こえている様子もなく、わたしの興奮した姿も見えていないようでした。心臓が止まりそうなほど大きく叫んだのにもかかわらず、誰にも聞こえなかったのです。誰もこの空飛ぶ葉巻に気づいておらず、そしてすぐにそれは現れた時と同じようにすばやく去ってしまったのです。今思えば、わたしはUFOを見ていたのです。UFOを見たのはこれが初めてではなく最後でもないのですが。

　UFOがあそこで何をしていたのか、なぜわたし一人だけが気づいたのかは全くわかりません。わたしの覚えているところでは明らかにわたしたちを偵察していました。もう少し大きなコンシャスネスがあったら、思い出せる形で彼らとコミュニケーションが取れただろうなと思います。

　このような体験は大人よりも子供によく起こるようです。何故そうなのか―

概には言えないでしょうが、結局のところ、わたしたちは自分たちで見えると許可しているものだけを見ているようです。だとしたら、自分に何が見えるとどう決めているのでしょう？

　この数年後13歳の時には、地球外生命体の高い知能とコンシャスネスに関しての本を読みふけりました。何か月も寝室の入り口のフレンチドアを開けっぱなしにして、彼らがまたやってきて、この悲しみ痛みの世界からわたしを連れ去ってはくれないかと願っていました。悲しいかな、彼らは来ていません—少なくともわたしは気づいたことはありません。

愉快な古いイギリス
Jolly Old England

　8歳の時、実父は彼の母や兄妹にわたしを会わせるのがいいと思い、わたしをロンドンに連れていきました。少なくともわたしはそういう事だと思っていました。そうであったか、あるいは母がそうさせたのかもしれません。それまでわたしは実父の家族には会ったことはありませんでした。

　実父も70年代半ばにイギリスを出てから一度も戻っていなかったのです。彼は生まれた土地に少しの愛着も抱いていませんでした。イギリスの気候が大嫌いだと大っぴらに話し、自分の文化に嫌悪感を感じているようでした。そしてイギリスを去ってから20年たち、彼は小さな娘を連れて帰国しました。

　わたしたちは北ロンドンのヘントンにある祖母の家に泊まっていました。4、5階あるレンガの建物で、区別のつかない同じような建物がいくつもいくつも並ぶ公営アパートに祖母は住んでいました。気のめいるような気候にうちのめされ、長いことさらされてきたそれらの建物は、イギリスがものすごくハッピーでない人々の住むところとして有名なのが必ずしも嘘ではないように思えました。

　わたしは祖母のアパートの狭い通路で踊りの振り付けを好き勝手に付けたりしながら過ごしていました。急な階段を飛び上がったり下がったり、いくつの階段をジャンプできるかやってみたり、セメントの遊び場まで降りて行き遊んだりしていました。その遊び場はまるで、みんなが喜びも希望も捨て、死に向かって行くところのようでした。でもそんなこと気にもしませんでした。わ

たしはわずか8歳でかなりのADD、有刺鉄線とでも前向きに楽しい遊び方を見つけることだって出来たでしょう。

　祖母の家の近くには、11世紀からのノルマン様式の教会と墓地がありました。カリフォルニア生まれのわたしは、そんな古いものを見たことがありませんでした。そしてそれはわたしを心地悪くさせました。とても美しいものでしたが、どこも好きにはなれませんでした。目に見えない力がそこでうごめいてたのです。わたしにはそれが見え、感じることができたものの、それらが何を求めているのか、どう接したらいいのかが分らなかったのです。そこではあらゆるところにエンティティがはびこっていました。あらゆるところですよ。こんなに古いところを訪れたのは初めてでした。旧世界の国々では新世界よりもはるかにエンティティが多い理由は明らかですね。

　父と買い物に行く途中でこの教会の庭を通りかかる時には、いつも注意深く目を見張っていました。もし注意して見ずに通るとスピリットがからかって、ささやくように手を伸ばして触ってくるのが分かっていました。そこにいつも何かあると知っているようで知らない、でも感じるには十分知っているというようなものでした。この意味がわかりますか？

　この墓地には墓石がところ狭しと四方八方に立っていました。まるであたかも巨人が、積み木取りで遊んでいて、無造作にほおり投げたかのようでした。緑色や金色の地衣が墓石をおおい、刻まれていた文字は古く擦り切れ、読めたものではありませんでした。

　父はその墓地をよく好んで散歩していました。なんのかんの言ってもそこはとても美しかったのです。ロンドン郊外の陰うつな灰色の建物と、冷たいジメジメとした通りのはざまの中では、まるでオアシスだったのです。父がそこを好きなことを責めることはできませんでした。木々は古く美しく、とても青々としていたのです。その庭を父が散歩している間、わたしは木に背を寄りかけ目を丸くしながら、いつそこから離れられるのかをただじっと待っていたのです。もし木に背中をつけていないと、わたしのすぐ後ろに誰かが立っているような気配がしたのです。でもそのたびに後ろを振り返っても誰もいませんで

した。見えない人たちが肩をトントンつついてきたり耳元で何かささやいたりして、つねに言い表せないパラノイアのもとになっていました。

わたしがその教会や墓地に、近寄ることを拒むようになるまでには長くかかりませんでした。わたしがあまりにも教会の所有地には行きたくないと強く反対したので、買い物へ行くにも他の道を通るようになりました。

もし父が霊に関してわたしとどう話したらいいか知っていたなら、わたしたちはこんなに頭を抱えることもなかったでしょう。もし父がわたしにどう話していいかを知っていて、わたしの感じていた現実について認めることができていたならば、奇妙なこともそう体験することもなかったでしょう。

あとから知ったのですが、父も若い時はわたしと同じだったそうです。父は子供の頃、肉体を持たない存在が見えていても、その天性をどう使うか、霊とどう会話し接するのかを教えてもらえなかったのです。彼の気づいていることを大人たちは認めようとはせず、とてもつらい大変な思いをして育ってきました。彼が何を見ているか話しても誰も信じようとしないため、彼自身、自分を疑うようになったのです。わたしがやってきた時には、これらのことを感知するドアは閉ざされ、そのドアの鍵は隠され、その場所は隠した本人でさえ忘れてしまっていたのです。

スピリットで具合が悪くなる
The Spirits Make Me Sick

　初めてのロンドンの旅では、たくさんの新しいものをわたしに紹介してくれました。父のユダヤ人家族のみんなに会い、刻んだレバーを食べ（最初で最後の）、生まれて初めてユダヤの祭日をお祝いしました。晩餐のあとには、従妹たちと近所のまわりを自由にフラフラとぶらついてもよかったのです。これは最高だと思いました。

　父は伝統的なユダヤ家庭で育ちましたが、アメリカ大陸に渡った時点で宗教も置きざりにしてきたようです。初めてロンドンを訪れたこの時まで、父がヘブライ語を話し読むことができるとはまったく知りませんでした。

　ありがたいことに父の心づかいでイギリスの家族に会わせてくれただけでなく、ロンドンの歴史上有名なところへ観光もさせてもらえました。最初に訪れたのはロンドン塔でした。祖母のアパートから出て、街に足を踏み入れると何が起ころうとしているのかは想像もつきませんでしたが、わたしのロンドン塔の記憶はそれほど好ましいものではありません。子供の頃は歴史的なものに、それほど興味も抱かず好奇心もそそられませんでした。ロンドン塔に行くのも、わたしにとってはただの父とのお出掛けの日というくらいなものでした。わたしはただにぎわう喧噪のなか父と一緒にいたのです。

　ご存じない方のために、ロンドン塔とは牢獄であって、英国王室の一族の人々にゾッとするような拷問が行われたり、処刑されたところです。ある人がロンドン塔に送られるということは、偉大な人物であったことを意味し、また

取り返しがつかないくらいにしくじったという意味でもありました。ロンドンのよく晴れた日の午後にわたしが好んで選択する場所ではなかったとしても、わたしたちはそこに行ったのです。

野外の中庭と歩道にはたくさんの観光客で、何か普通でないことに気づくのが難しいのですが、塔の中に入るとその壁が多くのことを語りかけてきます。

最近になって父から聞いた話では、小さい頃この塔にいるワタリガラスの飼育係をしている人の息子が友だちにいたそうです。ワタリガラスは英国の君主制の象徴です。ワタリガラスが死んだり飛び去ってしまうということは、君主制の崩壊を意味しました。そこの鳥たちの生存を守るということがどれだけ重要な仕事だったか想像がつきますよね。父は塔の中に住んでいたこの小さな友だちによく会いに行ったそうです。これはまだロンドン塔が観光地となる前のことです。要塞ゲートを通って入らされ、友だちと父親が住んでいるところまで一人ぼっちで歩いて行かなくてはなりませんでした。1800年代に監獄の囚人たちが沈められ溺死していたところに架かっている橋を越えていかなければなりませんでした。父は怖さのあまり全速力で走ったものだと話してくれました。

子供の頃の父は、その塔でたくさんのスピリットを見たそうです。しかし、(今世では) 初めてわたしがロンドン塔を訪れた時に、最も役に立ち対応できる情報を、思い出すことすら忘れていたのです。

わたしがどうしても耐えられなくなるまでは、いくつかの石造りの塔に出たり入ったりしていました。わたしたちは長く暗い廊下に鎧一式が並んでいるところに行きあたりました。この廊下に入る前からすでにスピリットがいることを感じていました。廊下が近づくにつれ、どんどん不安になって気持ちが悪くなってきていました。できることなら今すぐにでも帰ろうとお願いしたかったのですが、とても無理でした。わたしの口は凍ったように利かなくなり、エナジー的に引っ張られていたのです。見開いた目は廊下を見つめ、助かる望みもないような暗闇に引きずり込まれるようでした。今になって分かることは、わたしは死刑宣告を受けた人のスピリットが考えたことや感覚を感じ取っていたの

です。たとえ死刑宣告を受けた人たちの身体が、かなり前に亡くなったとしても、彼らのスピリットはまだ廊下や部屋に住み着いていたのです。その場所には、数百年を経て嘆き悲しんでいる、または死に対する揺るぎない恐怖を抱えながら浮遊している亡霊たちで埋め尽くされていました。

　もしこれが衝撃的、または理解できないというなら、8歳のわたしが小さなブーツを履きながらどんなに震えおののいていたか想像してみてください。

　わたしたちがその廊下に入った時「これはまずい」と思ったのを覚えています。

　父にお漏らししそうだと告げる前に、すでにことは済んでいました。身体のコントロールが利かなかったのです。立っているのがせいいっぱいでした。父がわたしを引っぱり廊下をさらに進む中、わたしは吐き始めてしまいました。父はわたしの汚れをきれいにできるところへ連れていこうとしましたが、さらにもっと汚してしまうばかりでした。塔のもう一つの出口から出る直前に、わたしの胃の中の物が飛び出し、石の床といくつかのラッキーな鎧の足元にみごとにちりばめられのでした。

　ショックというよりは、恥ずかしさもあり、父はそこからわたしをサッと引き上げ、できるだけ早くその建物から飛び出しました。わたしは苦しみもだえて「ここにいたくない」とこぼしました。

　背負われて庭を抜けて出口に向かいながら、父の背中越しにワタリガラスが芝生をつつくのを見ていた覚えがあります。それをじっと見つめ精神錯乱しながらも、どのように人々はそのような苦悩のなかで生きていけるのだろうかと、不思議に思ったものです。そこは苦悩にあふれ、わたしはそれに押しつぶされるようでした。どうしてみんなそんな場所を訪れて楽しめるの？誰も死や悲しみが分からないの？どうして誰もどうにかしようとしないの？

　このように内臓が反応することは、わたしにはとてもよくあることでした。大きくなるにつれ、このような吐き気も和らげることができるようになったものの、

代わりに精神的葛藤や無作法な振る舞いとして現れるようになりました。ロンドン塔での険しい暴力と身の毛のよだつような死が、体調を悪くさせていたのです。わたしの体調が悪かったのではなく、そこで起こった数々の身の毛もよだつような出来事を知覚していたのです。

どういうわけかロンドン塔への旅にひるむことなく、その数日後に父はわたしをウェストミンスター寺院へ連れて行ってくれました。ここには3000人以上が埋葬されています。その中には11世紀からイギリスを統治してきた王と女王、同じように多くのこの国の偉大な政治家や詩人など最も称えられ尊敬された人物もいるのです。

ウェストミンスター寺院の巨大さは言葉にするのがむずかしいほどです。一言でいえば、でかい！ 高さもすごいもので、中でうろついている人がアリのように見え、さらにその巨大さはロンドンの2階建てバスがマッチ箱かと思わせるほどです。

その寺院へ向かう階段をのぼりながら、わたしは強い恐怖心と吐き気を感じていました。「ひー、またか」と思わずにはいられませんでした。3000人が埋葬されている野外墓地でもたしかに強烈なものがあるでしょう。しかし、そこのすべてのお墓は大きく頑丈な建物のなかにあるため、エナジーが散り去りにくくなっているように見えました。地下室に埋葬された人々の存在意義というものの重さもまたいうまでもないでしょう。もし、この寺院がつくられているすべての石に一兆キロを加えたら、それがわたしが感じた重さです。

スコットランド女王メアリーの墓石に近づくにつれ、わたしの恐怖と吐気はさらに悪化していきました。わたしは蒼白そして真っ青になりながら、父の袖をひっぱり具合が悪いことを知らせようとしました。その直後、その大聖堂の床に吐いてしまったのです。ああ、また！ もう一歩も先へ進めませんでした。

ウェストミンスターでは、そこに埋葬されている多くの人を死に至らしめた暴力と恐ろしい手段とに、わたしは反応したのだと思います。スコットランド女王メアリーは結局のところ処刑されました。彼女がどう感じていたか想像が

つきますか？ ええ、わたしには想像がつきます。想像しただけで吐きたくなるほどに。

　数キロ痩せたものの、わたしは相変わらずの元気いっぱいでイギリスを去りました。

とり憑かれたトランク
The Haunted Trunk

　時は流れて、他の子供が成長するように、わたしの人生も続いていました。ある日、ギャリーが木でできたトランクを家に持ってきてリビングルームに置きました。この頃のギャリーはアンティークのビジネスをしていて、彼のお店で売れなかったさまざまな品を他の商品のスペースを空けるために家に持ってきたり、修理のために持ってきていたりしていました。わたしが霊と何かあるということをようやく両親が理解しはじめたのがこの頃でした。

　彼が風変わりな物を家に持ち込むのはいつものことでした。アンティーク商として、広く多岐にわたる彼の好みはわたしたち兄妹を楽しませてくれ、からかいのネタにもなっていました。わたしたちの家を「パパの美術館」と呼んでいたのです。すると彼はいたずらっぽい笑みを浮かべ、こんな変わった派手な物でも、みんなが受け継ぐ財産になるんだぞと言い聞かせ、わたしたちを納得させていました。

　それまでは、自分でも何が見えているかあまり気にしていなかったので、特に話したりもしていませんでした。わざわざ言うほどのことでもないと思っていました。誰もが、空は青いよね、などと言わないのと同じようなものです。もちろん青いし、それはみんなが知っていることで、エンティティについてもそうだと思っていたのです。もちろんそこにいて、誰もが知っていることだと。

　ところがこの頃は、スピリットの世界と「リアル」な世界とが重なり、どんどんつらい時期をむかえていたため話さずにはいられなくなってきていました。

霊たちがいても、わたしは彼らと愉快に楽しく過ごすのではなく、一緒にいたがらなくなり始めてきました。自分で気づかないうちに、他人の霊に対する偏見や嫌悪感を拾っていたのです。そうして、霊が怖いと感じるようになりました。

　そのトランクを見るなり、わたしは嫌な感じがしました。それを怖がっていたのではありません。ただそれがある部屋にいたくなかったのです。ためらいがあったのです。ネコが何かゆっくりと危険なことはないかチェックするようにそれを横目で見ていました。

　わたしの部屋はリビングルームの片側にあり、両親の部屋とキッチンもそれぞれリビングの別の片側にありました。わたしがその家の中の片側から反対へ向かう時は、いつでもそのトランクを通らなければならなかったのです。落ち着いてその横を歩くことは不可能でした。いつも全速力で逃げるように通っていました。

　ギャリーにどうしてこれがそんなに不満なのかと聞かれるまで、自分でもトランクの何に困惑しているのかよく分かっていませんでした。それで口から思わず出た言葉が「その上に狂った女の人が座ってるの」でした。
　これを声に出して言うまでは、すべてを認めていたわけではありませんでした。

　トランクの上に座っている女性はそれほど狂っているわけではなく、感情的に涙ぐんでいました。そしてウエディングドレスがどこにあるのかと、くり返し聞いていました。

　ギャリーから当たり前のように、その女の人は誰かと聞かれても、わたしはどう答えていいかわかりませんでした。

　その人が誰か聞いてみたらどうだ、というのです。そして聞いてみました。まるで頭の中に受信機でもあるかのように、その女性の答えが返ってきました。彼女の名前はジェニーでした。

するとギャリーは何かそのことについて情報を得られないかと、トランクの持ち主だった女性に電話をかけました。

　その女性が言うには、トランクはジェシーという名前の叔母が持っていたもので、その中にウエディングドレスを保管していたというのです。これには驚きました！わたしが聞いた名前とは、まるっきり同じではなかったけれど、よく似ていたのです。

　ギャリーはまだウエディングドレスを持っているか、どこにあるかと尋ねましたが、どうしてトランクの中のウエディングドレスのことを知ったのかを電話先の女性には話しませんでした。彼女は伝えていないトランクの情報をギャリーが知っているとは気づいていないようでした。彼女はジェシーの娘がそのドレスを持っていると思うと答えました。

　ギャリーは電話を切り、ジェシーに娘がドレスを持っていることを伝えたらどうかというので、わたしもそうしようと思いました。ジェシーにどう伝えたらいいか考えをまとめる前に、すでに彼女は去っていました。彼女はわたしが口からそのことを発して伝えなくても、心でコミュニケーションをとることができたのです。このことで初めてエンティティとのコミュニケーションが、どんなにすばやくできるかということに気づかされました。会話でやりとりをする代わりに、わたしが処理する速さと同じくらいすばやくジェシーは全貌を把握していました。わたしが考える前に彼女はそれを聞きとっていました。考えることというのはとても遅いプロセスなのです。知る事と受け取る事は光よりも速いのですよ。

　ギャリーの助けもあり、ただ彼女の質問を聞いてシンプルな答えを与えてあげることで、わたしは初めてエンティティを解放してあげることができました。

　なぜジェシーが自分のウエディングドレスがどこにあるかを知らなかったのか、なぜギャリーとわたしはそれを見つけるために、あれこれしなければいけなかったのかは分かりません。エンティティはすべてお見通しだとか、わたしたちよりもこちら側のどんな情報にもアクセスできると考えてしまいがちです

が、そうとは限らないのです。そして、これがそういった現実との最初の体験となりました。身体を持たない存在だからといって、こちら側のことがわたしたちよりも、よく分かっているわけではありません。エンティティも人間と同じく迷ったり混乱したりするのです。

　ギャリーに、そしてこのような機会に恵まれたことに感謝します。そうでなければ、このトランクに過剰反応する狂った子に軽く転じていたことでしょう。ジェシーとわたしが偶然に出会い、お互い助け合うことで幸運が生まれたのです。ウエディングドレスがどこなのかを彼女は疑問に思いながら、永遠にトランクの上に座っていなくてもいいと気づくことにわたしが手助けできたのと、また彼女もわたしがまさにエンティティを見たり聞いたりしているということに気づく手伝いをしてくれました。これを完全に認めるにはここから何年もかかりはしましたが。

　ギャリーはこのトランクを1年半も持っていて、ずっと売ることができなかったのに、このクリアリング（ジェシーが去った）の後すぐ、とてもいい値段で売ることができました。どんなに美しいものであっても、狂ったエンティティが居座っているものを誰が買いたいでしょうか？　みんなジェシーの姿は見えないにしても何かを感じ、はっきりと分からないながらもトランクから遠ざかっていたのです。

ドラッグとアルコール

Drugs and Alcohol

　兄アダムは、わたしが生まれた時には11歳でした。その1年後の12歳にはすでに中毒性の高いドラッグに手を染めていました。アダムは12歳くらいからほぼ家を出てロサンゼルスの街頭で一人で育ちました。

　わたしはアダムと一緒に育ちませんでした。アダムとわたしの関係は時々会うだけのものでした。兄妹というより遠縁のいとこという感じでした。彼がいる時は、ほんのつかの間でしたが甘く苦いものがありました。わたしはアダムを切実に愛していましたが、誰かが何をしてあげようとしても彼の心は安らぎを得ることはなかったのです。彼の10代はドラッグのリハビリ施設と少年拘置所、ついには刑務所を出たり入ったりして過ごしました。

　アダムはどうしてこんなことを選ぶの？ それは彼の選択でもありましたが、彼を放ってくれることのないスピリットや悪魔にさいなまれ、ドラッグ使用を続けさせられていたのだと思います。アダムがドラッグを用いれば用いるほど、スピリットをさらにもっと呼び入れていたのです。

　気づきが高い人ほど、頭の中で聞こえる声や他の人から受けたサイキックな情報をきっとドラッグがかき消してくれるだろうと、いろいろ察することを遮断すべくドラッグとアルコールに走ってしまいます。彼らは感知したものを手放す方法を探そうとしているのです。

　わたしも10代のころドラッグを使っていました。好奇心からと、エンティ

ティを感知することをブロックするためでした。もちろん、それはうまくはいかず、ことを悪化させるばかりでした。才能や能力を削ることや捨て去ることはできないものです。ただそのことから意識を遠ざけるだけです。遮断し押しこめようとしても、そこにあるものが無いという錯覚を創るだけです。うまくいきそうにも思えますが、いつかは隠されていたものが何かしら爆発し、さまざまな変なことが現れてくるのです。わたしの場合はそれらを隠していた結果、たくさんの重い感情と怒りとなって現れていました。

何年も家を離れていなくなっていたかのように感じるアダムが帰ってきた時は、わたしの部屋を一緒に使っていました。アダムと一緒にその部屋を使っている夜には、悪魔や恐怖の悪夢をみることがよくありました。汗ぐっしょりになって、隣で寝ている痩せた兄を見るため起き上がるのでした。わたしたちがお互いまだ幼かったこの頃、彼の背中には大きな入れ墨が入っていました。その入れ墨には、ドラゴンのような羽がある悪魔のような人が入れてあり、アイアン・メイデンのアルバムにあるような悪霊の頭をしていました。この後、アダムはこれをもっと見た目に美しい日本のモチーフで覆っています。とはいえこの頃は、背中のスピリットにわたしはじっと見つめられ、その力で動けなくなってしまうのでした。アダムがそれらのスピリットをどう感じて生きていたのか想像するしかありませんでした。（じつは彼が感じていたものを知っています—地獄のようなひどい苦しみ）アダムはけして助けを求めたりはせず、わたしたちは美しき兄が消えていくのをただ見守るしかありませんでした。彼は怒り暴力的で苦しむ存在へと移り代わり、わたしが知らない、想像したくない深みにはまっていったのです。

わたしが初めて暴力的な暗黒のエンティティと接する経験がアダムとでした。そのことで彼に対する愛が少なくなったり、ジャッジしたりすることはありませんでした。この兄との経験はドラッグやアルコールが人に何をもたらすか、何を招くのかを見抜く力を与えてくれました。ある瞬間にはアダムはそこにいて、次の瞬間には別の存在が彼の目の中から見つめているのでした。

彼とそのスピリットたちとの違いがわたしには分かっていましたが、彼自身が分かっているかは定かではありませんでした。わたしたち家族を悪魔にさら

すのを防ぐために、彼は出て行ったのではないかとわたしには思えます。アダムは自分の人生を彼らに操らせていたのです。彼は好きでやらせていたのでしょう。そうでなければそんなことを選ぶはずがないのです。

　悪魔は一般的に邪悪なスピリットといわれているエンティティです。しかし、悪魔、demon の語源は、ダイモーン daemon というギリシャ語から来ているラテン語になります。ダイモーンとは良くも悪くもあるスピリット、あるいは解放されていないスピリット、または単にスピリットです。もともとの意味とは違う意味を持つようになったのはキリスト教が広がり始めるまではなかったことです。ギリシャ神話ではダイモーンは人間と神の中間にありました。たいていは死んだ英雄のスピリットでした。多くのことと同じように、言葉のもとの意味と定義は時がたつにつれ、消えてゆがめられてきたのです。

　本当のところ悪魔は、自分たちが選んだことやコンシャスネスでないことを、人々が正当化させるために使っているのではないかと思います。もちろんスピリットは人に対して影響力がありますが、人もスピリットに影響を与えることができるのです。とはいえ、自分が選んだことや行ったことは、自分の選択なのです。そこにスピリットがとり憑いているとか、悪魔がいるなどということは、個人の選択に対する責任をないがしろにしていることになります。

　そうはいっても、ドラッグやアルコールをとる人にエンティティが憑きやすいのは、ドラッグやアルコールが持っているエナジーに引き寄せられてくるのです。それらはドラッグ中毒やアルコール中毒だった人のエンティティということもあるでしょう。身体はなくなっても、まだドラッグやアルコールには強く惹かれているのです。その結果、ドラッグやお酒をとることができる身体を見つけようします。

　この話は、人とその人生にドラッグとアルコールが、何をもたらすかを例にあげて紹介しています。ドラッグとお酒を用いることは、＊アンコンシャスネス（＊気づきがない）と＊アンチコンシャスネス（＊反コンシャスネス）なエンティティにオープンになることです。ここでの「ドラッグを用いる」とは快楽を得るためのものと医薬剤の両方のドラッグを意味しています。アルコールをとるというのは自

分がわからなくなり、そこにいる感覚がなくなるほどの摂取量をとることを意味します。

　あなたがドラッグとアルコールを選ぶたびに、ユニバースが導いてくれ与えてくれるべきものの流れを止めてしまうことになります。これもまた、あなたがどうなってもいいとする多くのアンコンシャスネスとアンチコンシャスネスなエンティティが来てしまうことになります。

　不気味な人や暗い影があるように見える人がいるのはこのためです。その人が不気味なのではなく、まわりにいるエンティティがその雰囲気を創っているのです。

　大酒飲みやドラッグ常用者などで、どんなに頑張ってもやめられないような人がいたとしたら、飲みたがっているかドラッグしたがっているエンティティが憑いている可能性が高いでしょう。その人が飲みたいのではなく—エンティティが飲みたがっているのです。そのエンティティはお酒を飲みたい、またはドラッグがほしいというメッセージをその人の身体に絶えず送ります。エンティティをクリアにすれば、もっと簡単にやめることができます。

　長期にわたり飲み続けている人、ドラッグをやり続けている人には、本当に何千ものエンティティがその人に憑いていることがあります。これらのエンティティもクリアにすることは可能です。しかし、彼らがアンコンシャスな選択を続ければ、エンティティを引き戻してしまうか、もっと引き寄せてしまうのです。

　アンコンシャスなエンティティを好む人もいるのです。エンティティに親しみや居心地のよさを感じます。クリアリングしたり、他の方法でエンティティが去ってしまうと、その本人も落ち着かず淋しかったりするものです。どんなことを選ぼうが、その人の選択です。あなたは誰でもドラッグやアルコール、スピリットなど関わっていない方がいいと思うでしょうが、でも当の本人はそうは思わないかもしれません。

通過儀礼
Rite of Passage

　もし素晴らしくなりたいだけなれるよう力を与えられ、間違っているとか正しいとか言われることなく、想像をはるかに超えるほど壮大だったら、どんな世界になる？

　よくわたしは10代の世界について深く考えることがあります。10代では子どものころ握っていた鍵をまだ握りつつ、これから迎える大人の力が身体に現れてきます。若いエナジーで生きていて、この世のしきたりを理解し始めるのです。この時期をとてもたやすく乗り切り、大人になることを楽しく過ごす10代もいれば、悪戦苦闘する者もいます。

　10代というのはこの星で最もパワフルな人たちだと思います。力を与えられた10代はあなどれません。彼らはまだこの現実に完全には屈していません。力を与えられない10代もまたあなどれないものです。破壊的であまり楽しめはしませんが。

　もし10代の頃をどう覚えているかという調査をしたなら、バラエティに富んだ返事が返ってくるでしょう。わたしにとって10代の時というのは、まるで生き地獄に近いものがありました。もしわたしの人生でその期間を飛び越えられるなら、迷わずにそうするでしょう。

　高校はひどく苦痛であり、どうしようもないくらい退屈でもありました。興味があることや、わたしにとって大事なことは教えてくれなかったのです。

10代に入るとわたしの中で異変が起こりました。10代がよく陥りやすいように、13歳から14歳になるにつれて、もっと人生の困難な時期を迎えていました。きついおかしな感情を抱いていましたが、何だか分からず、分かろうともしませんでした。だんだん不愛想になりひどく不愉快になっていきました。自分の家族が、また自分がどう他と違うのか理解できませんでした。何をしようとしているのか気がつかないまま、それから10年間を他人に合わせようとして過ごしていたのです。

　ギャリーは週一回、みんなが家に集まって暗い部屋に座り、ギャリーを介してラスプーチンが話すというチャネリング集会を開いていたものの、わたしはエンティティを見たり聞いたりする世界を認めず、その部屋に立ち入りもしませんでした。両親がのめり込んでいたもので、わたしにはどうでもいいことでした。彼らがやっていることや夢中になっていることに意見する気もありませんでしたが、友だちが自分をどう思うかが、どんどん気になり出してきました。ただ格好よく人に好かれたかったのです。

　ギャリーがやっていることを友達に宣伝したり知らせたりしませんでした。人に話したいことではなかったのです。反対していたわけでもなく、ジャッジされたくなかったのと、両親がやっていることをみんながどう思うか気にしていました。とにかく10代の頃に親を恥ずかしいと思わない人がいますか？

　必死で自分のすべての超常知覚力を断ち切り、15歳になるころには、普通の人と同じ世界にいると思えてきました。情緒不安定だけは続き、もっと怒りっぽく、もっと鬱っぽくなっていました。両親はいろいろな方法で助けようとしてくれましたが、頑固なわたしは聞き入れようとも、助けを受け入れようともしませんでした。

　今気づきとともに振り返ってみれば、あの怒りと鬱は、死んだ人たちの声が聞こえることを拒絶し否定していた為でした。知覚と戦っていたことで、それらが強い感情へとゆがめられていました。イライラするという方が、死人と話しをしているというより言いやすかったのです。わたしは誰で、何がリアルかについて自分に嘘をついていたのです。自分がいると思っていた世界に、

わたしの知覚力を合わせることはできなかったのです。そのような化け物にはなりたくありませんでした。

　10代のわたしは、世界中が霊と話す人をオープンには認めないのだという考えを拾い集めていました。もしスピリットを見たり聞いたりすると誰かに言ったなら、ひどくジャッジされ、違う時代、別の国に生きていたなら魔女狩りにあっていたことでしょう。

　高校では代数学をやりますが、サイキック・エナジーについての理解やエンティティとのコミュニケーション初級などはやりません。これらの方がはるかにわたしには役立ったはずです。亡くなった人の心残りの話を昼も夜も聞いている者が、ピタゴラスの定理など知る必要がありますか？ホグワーツ魔法学校に行きたかったくらいです。

　唯一好きだったクラスは美術でした。10代のわたしの日々は、イライラし怒ってばかりで、みんなのことが大嫌いと思っていたので、友達をつくることを最優先にしていませんでした。妙なもので、高校時代の親友2人はキリスト教新生派だったのです。皮肉なものですよね。この2人は家族と教会にとても深く関わっていましたが、わたしたちはなぜかそれぞれの家族の干渉はせずにいました。お互いに家でどんな生活を送っているかあまり気にしなかったので、一緒にいるのが楽でした。わたしたちは美術マニアで、同じように3人とも異常に怒った内向的な10代だったのです。わたしはその子たちの両親にほとんど会うことはありませんでした。それも奇妙なものです。というのも、起きている時間のほとんどを一緒に過ごしていたのですから。

　わたしたちは学校のダンスパーティや行事にはいっさい参加しないばかりか、わたしは自分の卒業式すら参加しませんでした。わたしはほとんどの人々、特に大勢の人々と一緒にいるのが耐えられなかったのです。このため自分をひどくジャッジしていました。反社会的と呼ぶくらいでは控えめな表現でしょう。心の中ではるか遠くに後ずさりし、息をひそめ、人生が通り過ぎ終わることを待ち望んでいました。

義理の兄であるスカイとは小学2年からずっと同じクラスでしたが、高校2年になると、彼が学校に顔を出すことが少なくなっていました。ついにある日、彼は完全に学校に来なくなりました。わたしも彼に続きたかったのですが、同じように簡単にはいきませんでした。スカイは彼の母親と一緒に暮らしていて、母親はスカイの好き勝手にさせていたのです。この時、わたしは母とギャリーと一緒に住んでいたので、学校をやめるなどとは母には聞いてもらえない話でした。母の怒りをおそれて学校に通っていました。

　学校を卒業するため、わたしの心は名もなくどこともいいがたい場所へと漂っていました。本来の存在としてのわたしとは関係のないことを、明けても暮れてもすることの激しい苦悩から逃れるため（大げさを許して）わたしは今この瞬間に存在することができなくなっていきました。他のみんなと同じ答えを持つようにロボット化していくようなものでした。

　わたしの普段の態度は大きく変わりやすいものがありました。深い悲しみで麻痺する期間と熱狂的な喜びの期間、その中間に攻撃的な怒りもありました。もし精神科医に診てもらっていたら、間違いなく＊双極性障害（＊躁状態と鬱状態をくり返す精神疾患）と診断されたでしょう。今ならわかることですが、当時は何が起こっているのか説明がつかないことでした。

　わたしは自分のことをユーモアを込めて、サイキック・＊トゥレット症候群（＊トゥレット症候群：意図せずに卑猥なまたは冒涜的な言葉を発する汚言症というチック症状をもつ神経精神疾患）と呼んでいました。つまり誰かの感情を受け、それが声に出ていたのです。もし、まわりの誰かが怒りや悲しみなどの特定の感情を抑え込んでいると、わたしがその人のため、代わりにそれを言い表していました。ご親切なことでしょう？　その結果、わたしは白痴だと思われていたのです。その間ずっとわたしは「自分の」感情が抑えきれないので、どこかがおかしいはずだと考えていました。死人の声を聞く感覚のするどい10代のみんながやるように、わたしはドラッグに走っていきました。ドラッグをやるとそれらの声を一時的に消すことができ、ありとあらゆる重さが軽くなっていたのです。魔法が可能かもしれないと思える世界を垣間見ることができたのです。

何かしらの答えや解決にドラッグを使うことをお勧めも支持もしません。本当の恍惚感を得られるのはコンシャスネスです。ドラッグは人工的な偽物の恍惚感を得るだけで、得るものより失うものの方が多いのです。すでに述べたように、ドラッグはもっとエンティティを引き込みやすくしてしまいます。楽しそうに見えても、ドラッグがその人に与えるダメージを考えれば、一時的に得られる恍惚感はそれほど価値のあるものではありません。

　わたしは高校をボーっとしたなか卒業し、その夏の終わりにブルックリンの美術学校へ行くため、ニューヨークへ引っ越しました。若いサイキックの17歳のわたしがニューヨークのストリートで自由にできるのか想像できますか？ニューヨークではしらふで過ごした時は一時もなかったと思います。そうせずに家に帰れたのなら不思議なくらいでした。世の中で経験している重みに耐えられないようでした。わたしは薬物に誘発された空想の中に引きこもっている方を好みました。そこではすべて意図も目的もましだったのです。

　皮肉なことに、少しずつ、ギャリーのやっていることを一緒にやることで可能性が広がり始めてきたのもこの頃です。

アクセス
Access

　1991年のある日、わたしが11歳くらいの時、ギャリーはニューヨークに住むクライアントから電話をもらいました。この男性はギャリーに、チャネリング誘導マッサージをしに飛んで来られるかと問い合わせてきました。「いくらもらえるのかな？ あなたの身体に触るの？」とギャリーは聞きました。いくら支払われたのかはよく知りませんが、その人はギャリーがマッサージするのではないときっぱりと告げました。ギャリーがチャネリングをしてマッサージ師にどうすればいいのかを伝えてほしいというものでした。ギャリーは了解し、ニューヨークへと飛び立ちました。これが、初のアクセス・コンシャスネスのツールがチャネリングされたセッションでした。アクセスはギャリーのライフワークとなり、今日のわたしが在るスペースを与えてくれました。

　1992年の暑い夏の夜、サンタバーバラの家の横にある倉庫のスタジオで、ギャリーは初のアクセス・クラスをチャネリングで行いました。最初のクラスには4人が参加していました。それらのクラスで得たマテリアルがアクセスの基礎的ツールとなっています。

　チャネリングの後で、ギャリーはそれらのクラスの録音を聞き、そのプロセスや情報を自分で学んでいたのです。チャネリングをしていると、ギャリーは身体から遠く離れて長い廊下に休んで待っているような感じなので、録音を聞かなければならないと説明してくれました。始めの頃、彼はセッション中のことを思い出すことができませんでした。これは時を経て変わっていきましたが、最初の内はほとんどが記憶に残らなかったそうです。

ギャリーがチャネリングで最初に語り始めたものが、バーズと呼ばれるものです。バーズというハンズオンのプロセスは頭に軽いタッチで、人生のあらゆる局面に一致するそれぞれのポイントに触れていきます。例えば、喜び、悲しみ、身体とセクシャリティ、気づき、優しさ、感謝、安らぎとおだやか、などのポイントがあります。お金という＊バー (*Bar 単数形) もあります。これらは頭の一方の横から反対の横にかけて走っているため＊バーズ (*Bars 棒状のもの) と呼ばれます。これらのポイントを優しくふれることで、これらの局面に関係しているため込んできた思考、感覚、感情、意見、判断を解放させます。一回のバーズ・セッションで5000年から10000年分の思案が解放されるのです。これが一体どんなものか想像がつくでしょうか？

では、お教えしましょう。めちゃくちゃ軽く感じて起き上がれますよ。なくなるまで何に悩まされていたのか分からなかったものがクリアになるのです。基本的にバーズをランすることとは、さらなる明瞭さ、そして究極的にはコンシャスネスを創造します。

バーズを指でふれると、悲しいと感じた時やジャッジメントを持った時にエナジーフィールドで生まれた電磁気要素が解放されます。現在の科学では同じ思考や経験をくり返すことで、まさに脳に回路が配線されると示しています。5歳か6歳になるころには、脳への配線がなされるために、変わるためのスペースが少なくなります。これを神経シナプス経路といいます。

初めのうちは、バーズのセッション最中も後も何がどうなっているのか、さっぱり分かりませんでした。ところがやればやるほど、わたしの人格と人生に激変が起こっているのを、すごく感じるようになってきました。ますます軽くハッピーになってきて、他の人と一緒にいるのも苦にならなくなってきました。他の人もわたしと一緒にいるのが楽になってきているのも分かりました。

初めてのバーズ・セッションでは、深く眠りに落ちたのです。それは眠ったと思えただけかもしれません。これは夜、ベッドで眠るようなものではありませんでした。現実味のない夢の中にいるようでいて、まわりの声や音はすべて聞こえていたのです。身体が深いリラックス状態にあり、眠っていたも同然

のことで、それまで感じたことのないものでした。

　マッサージ台の上で、どこにいたにしろ身体に戻ってきた時、ギャリーはチャネリングを終え、わたしにほほ笑みかけていました。動こうとしましたが、起き上がれませんでした。身体が目覚めなかったのです。だたしばらく横たわり、まるで何年かぶりにこの現実に戻ったかのようでした。ようやく起き上がり、床に足をついた時は倒れそうでした。まるきり身体がシフトして、深部感覚が変わっていました。わたしはこの新しい身体にまだ慣れていなかったのです。フラフラでクラクラしつつも、何もかもが軽かったのです。そんな状態でどうしていいか分からず、ベッドからよろけ落ちるしかありませんでした。

　その後数年、アクセスがどんなダイナミックな変化をギャリーにもたらしているかを見、そして必死な状態に陥ることでようやく心底アクセスに興味を持ち始めたのです。アクセスはわたしが求めていたことさえ気づかなかった奇跡をもたらしてくれました。

　1998年ニューヨークに住んでいた時、ギャリーはこの都市でのヘルス、ウェルネス、サイキックなどのイベントにブースを出すためやってきました。わたしもその様子を見に行きました。ギャリーと他の数人でバーズをランし、みんなにアクセスを紹介していたのです。ギャリーはわたしにバーズ・ランするためマッサージ台に横になるよう勧めてくれました。すぐに涙が込上げてきて、泣き出してしまいました。それから気がつけば、どんなに恥ずかしいと思っても大きく泣き叫ぶのを止められませんでした。それはどこからともなく出てきて、こらえきれないものでした。ギャリーは、わたしにバーズをランしながら、大丈夫だ、そのまま出し切るようにと言ってくれたので、そのままそうしたのです。ようやくそれはおさまり、ギャリーもバーズ・ランが終わり座った時、何年も感じたことのない軽く晴れやかな気分になっていました。「それ」が何であれ、消えてしまうまではどんなに重かったのか気づくこともなかったのです。

　自分自身を取り戻せてから、みんなに、特にギャリーにもハグをしました。午前中に学校のクラスがあったため、そこを出てアッパーウエストにある自分の家に向かいました。このイベントは34丁目で行われていました。ニューヨー

クをご存じのない方、そこはマンハッタンの街で最も混雑している通りの一つなのです。ビルの出口を抜け、地下鉄の駅に向かっていく途中で、女性が通りの脇の広い歩道に立っているのが目に入ってきました。彼女は何かに向かってかがみこんでいたので、わたしは何なのかのぞいてみたところ、度肝を抜かされました。マンハッタンの中心である34丁目通りの地面で、100ドル札が何枚も小切手帳からあふれ出ていたのです。それを見て驚きを隠せないわたしに、この女性はすがるような目で、わたしの方を向きました。彼女の方に歩いていき、二人でただ立ってじっとそれを見つめました。この通りを歩いている他の何百もの人が気づきもしなかったのです。このようにニューヨークとはおかしなところです。とても多くの人がいるのに、誰も何も見ていないのです。そこで誰かが行き倒れていても、またいで通り過ぎるでしょう。

この女性はわたしを見て、わたしは怖いわ、あなたが何とかするべきよ。と言ったのです。確かに彼女はそう言ったのでした。そしてそこを立ち去っていきました。これは嘘ではないですよ。彼女は怖いと言ったのです。「よし、もらっちゃおう!」と思いました。全部すくい上げバッグに入れて、誰も追いかけては来ませんようにと願いながら地下鉄へと急ぎました。

無事に自分の部屋へ戻りドアを閉め、お金を取り出し、いくら拾ったのか見てみました。あらためて数えてみると、800ドルありました。

そのお金がはさまっていた小切手帳の中には、なんということか、女性の名前と住所が書いてあり、電話番号はありませんでした。

その女性はバーモント州に住んでいました。わたしは2つのどちらか選べると思いました。自分でこのお金をもらうか、でもこのような状況ではそれを楽しんで使うことはできないと知っていたし、または返すか。わたしはこの住所に手紙を書いて、お金を拾ったこと、もし3週間待って返事が来ないならもらうし、もし返事が来たら返しますと伝えました。

2週間後、わたしのかわいい青のレトロな電話がなり、そうです。バーモントの女性からでした。わたしがお金を拾ったことをどんなに驚いたか、それ

を返すという申し出が、どんなに彼女の人間への信念が改まったかをとても興奮してうれしそうに力説してくれました。「信念が改まるなんて、かなりいい見返りだわ」と思いました。彼女はお礼として200ドルをとっておいて、と言ってくれました。これも妙なものです。わたしはすでにちょうど200ドルをマリファナに使っていたのですから。

　数週間後に、ギャリーからアクセスを習っている一人の女性と会う約束がありました。彼女もあのサイキックイベントに来ていました。女性は指圧師で、わたしは彼女に施術をしてもらおうとしていましたが、結局彼女はわたしにアクセスをやることになりました。たまたまそうなったのですが、それもよかったのです。わたしは軽く、より広がりを感じながら彼女のオフィスを去りました。エレベーターで1階まで下り、ロビーに通じているドアを抜け、掃除用のカートがわたしの正面にありました。その上には大量のゴミが入った大きな透明のごみ袋がのせてありました。それを目にした時、よけて通るところでしたが、その袋の一番下から20ドル札がわたしを見つめていたのです。わたしは「あらまっ、こんにちは」と、袋に指を突っ込み小さい穴をあけ、20ドル札を救い出し、家路についたのです。

　これらのお金を見つけたことはアクセスが直接もたらした効果で、わたしの存在がユニバースからもっと受け入れられるようになったからだとは、しばらく気づきませんでした。アクセスのツールを使って、わたしの中の何かが変わり、まるで魔法のようにいろいろと現れてきたのです。「お金の問題じゃない、受け入れることに問題があるんだ」とギャリーはよく言っています。もっと受け入れるようになれば、その副作用でお金はやってきます。

　わたしの何かが変わり始め、自分のエンティティとの能力や可能なことの範囲を、しっかり自覚するまでは時間の問題でした。

　ニューヨークでの学生生活の1年目が終わろうとして、わたしは実家に戻ることにしました。アメリカの西海岸と東海岸では極端な違いがあります。家族とカリフォルニアの気候が恋しかったのです。わたしはカリフォルニアの美術学校に転校することに決めました。そしてオークランドで学校に通うサンタ

バーバラからの友達に再会するためサンフランシスコの対岸にあるオークランドに引っ越しました。サンタバーバラへ帰る小さな飛行機の窓を眺め、涙をこぼしていたのを覚えています。サンタバーバラに到着するのに、下に見えた海は青く鮮やかに輝いていました。カリフォルニアの太陽と海の美しさが恋しくてたまりませんでした。わたしはオークランドの学校に入り、美術学校にもう一度通うため、そこへ移ったのです。

このころには、ますます定期的にギャリーに電話をして、人生の助けを求めるようになっていました。アクセスが本当に役立つことが分かり始めてきたのです。パニックになってギャリーに電話をしても、数分後にはすっかり落ち着いているのです。ギャリーとの電話を切るころには、最初に何に動揺していたのかすら覚えていないくらいでした。

わたしは美術学校を辞め、アクセスだけをやっていくことを選びました。母はこれを毛嫌いしましたが、ギャリーはわたしに選ばせてくれました。わたしはやらなければならないと知っていたのです。美術学校は楽しくて、一日中アートを作ることに費やしていたものの、苦痛だったのはそれが一つの大きな終わることのないパーティのようなものだったことです。これが素晴らしいことのように聞こえる人もいるかもしれませんが、意識が高まってくると、ドラッグやアルコールに埋もれているのがつらくなってきたのです。わたしの知る限り、他の誰よりもアーティストたちはパーティをかさね、人生や心の中のおかしなところに自分を持っていくのです。意識が広がってきて、学校の誰とも本物の結び付きを持っていなかったこと、誰もが誰にも結び付いていないことにも気づきました。そしてアクセスで出会った人たちと、待ち望んでいたようなつながりを経験していました。彼らからは全くジャッジのない思いやりを感じました。さらにアクセスのクラスをこなしていくうち、わたしはみるみるハッピーに、何もかもがたやすくできるようになってきたのです。

わたしはオークランドからサンタバーバラにまた引っ越し、アパートを借り、友だちや興味のある人にバーズやアクセスを教え始めました。

わたしはアクセスをやればやるほど気づきが増していきました。認めようが

認めまいが、わたしはいつもエンティティを感知していました。でも、まだわたしには次に起こる出来事に準備ができていませんでした。あるいは、そう思い込んでいただけかもしれません。

　エンティティの兆候は、わたしの人生の一部であり避けられないものでした。彼らのささやき声が聞こえ、彼らが注意を引こうと肩を軽くふれるのを感じるのも日常茶飯事のことでした。アパートのわたしの部屋は彼らの存在で、もやに包まれていたかのようでした。そしてある日、まるでライトのスイッチを入れたかのように、彼らの姿が現れてきました。

　「ハロー、久しぶりだね、シャン。俺らを無視しようとしてたのは知ってるよ。まあ、うまくいってたかな…。でももっと気づくことを選んだんだね。これからは近くにもっといるよ」とエンティティは言ったのです。

　「ごめんね、無視しようとしてて。だって今までは準備できてなかったの」わたしは渋々そう答えました。

　エンティティの反応は一言「さあ、一緒にやることやらなくちゃ」

Part Two The Frontier

第2章

フロンティア

「すべては可能だ
そうならないのはそれを選んだからだ」

～ギャリー・ダグラス～

魅惑の森、魅惑の地球
Enchanted Forest, Enchanted Earth

　20歳になり、初めてニュージーランドを訪れました。そこでギャリーが10日間の集中クラスをやっていたのです。わたしたちがいたところは、オークランドから南へ約3時間のロトルアという都市でした。

　ロトルアは硫酸の地熱活動で有名です。そこへ着いた初日、小川を通り抜けてきたのですが、そこはなんと、熱かったのです！

　クラスが行われた土地は、雄大で美しい地域にありました。その土地の多くは、羊の放牧のため整えられていたため、いくつもの虹色の緩やかな丘が深い緑の森で縁取られていました。そのひとつの大きな丘の近くに森から下る小道があるのを見つけました。「ロードオブザリング」からそのまま抜け出したような魅惑のヒスイ色した湖へと続いている道でした。

　この小道を見つけた初日には、そこを通りませんでした。森のはじを歩き、なぜか分からないけれど引き返して、その土地の他の場所を探索していました。その日、ジップラインを見つけたのです。（ジップラインとは、ニュージーランドとオーストラリアではフライングフォックスと呼ばれ、高い所から低い所にワイヤーロープを張り、滑車にぶら下がり移動できるものです）この日は午後のほとんどの時間を、わたしは丘の上まで駆け上がり、胸に膝をつけてできるだけ素早くジップで下るということをして過ごしました。ニュージーランドが本当に大好きです。

あの小道を2日目も3日目も見ていましたが、やはり入っては行かなかったのです。4日目には、とても蒸し暑くなっていたので「この湖に行って泳がなくちゃ」と思いました。

この森のはじに立ちただ眺めていると、なんだか妙な感じがしてきましたが、それがなぜかは分からずにいました。とりあえず足を進め、森のはずれから入って行きました。

木々の合間に入るとすぐに、まぶしい朝の光が緑色に曇って、かすみが立ちこめたかのようでした。木々の幹は太く大木で、ごつごつとした枝や根がからみ合っていました。森の底は厚いシダ植物で一面が覆われていました。いくつかのシダ植物はわたしよりも丈があり、鮮やかな苔が木の幹に生えていました。鳥たちのさえずりに、森の奥へと誘い込まれて行きました。そこを下りながら、間違いなく、笑い声が聞こえきたのです。そして、木々の枝の中でキラキラ輝く光が舞っているような感じがしたのです。

視界の端で何かがきらめき出したのが見えて、でも振り向いた時には、そこには何もありませんでした。さらに何かが小道の少し上でサッと動いて目の前から消えていきました。小石につまずいたのかとも思いましたが、足を引っ掛けられているような感じがしました。

やめてと叫んでいました。そうすると何に対して叫んでいるのか分からないながらも、それが止んだのです。

そのまま小道を進んでいくと、周囲のほとんどが高い切り立った岩壁で囲まれている大きな薄緑色の湖に出ました。向こう側の岸が、はるか遠くに離れて見えました。わたしはそこに立ち、朝の暖かい太陽と、この静かで壮大な景観、手つかずでまさに生きている場所に浸りました。そして靴を脱ぎ、足を水の中に入れてみました。

朝早い時間だったのに、わたしはすでにとても暑く感じていて、身体を冷たい水につけたい衝動にかられたものの、何かが湖に入ることを許さない

ようでした。波打つ水に反射する光が何かを伝えているような気がしました。それは頭で理解できるものではありませんでしたが、メッセージをわたしに伝えていました。水の中のスピリットたちはわたしに入って欲しくなかったのです。その時「湖のスピリットたちはわたしに入って欲しくないんだわ」と頭ではっきり捉えたわけではなく、ただ水の中には入ってはいけないのだと知っていました。水はきれいでしたが、どこか薄気味が悪く、何か奇妙な感じがありました。

　そこで、わたしは向きを変え小道を上がり、シャワーを浴びクラスに参加するために戻って行きました。

　小道を上がっていく途中で立ち止まり、木々のまわりのエナジーと、それらの葉から伝わる何か魅惑的なものを見上げていました。

　この時点で、わたしは20歳を迎え、このような気づきに目を背けていた期間から抜け出そうとしていた頃です。2000年の暑い夏の朝、ニュージーランドのこの森で関わろうとしていたものにまだ気づいていませんでした。

　わたしの中で何かがつき抜けようとしていました。何かがわたしの中で目覚め、変わろうとしていました。

　指がうずいて震えはじめ、頭が真っ白になりました。目の前がゆがんできて震え出しました。小道のその場に座り込み、両手を地面につけなくてはなりませんでした。そして森の中のスピリットたちの声がわたしに向かってやってきました。彼らはクスクス笑って、わたしの顔をくすぐり出したのです。

　何もしらなかったら、ドラッグでハイになっていると思ったことでしょう。でもこれは本物だったのです。実際に起こったことなのです。彼らの言っていることを正確に読み解くことはできなかったものの、この自然なところにいる存在たちは、わたしの癒しと変容、そして他の可能性へと導くため現れてきたのでした。妖精とも、木の精霊とも、または何とでも呼べるかもしれませんが、とにかくこの場所はスピリットたちでいっぱいでした。人間のスピリットではなく、もっと軽く明るく、鋭くきらめいているスピリットたちでした。

それからわたしには別の次元が見えてきました。それはわたしの理解を超えていたため、怖くなってきました。怖さを感じたとたん、笑いもきらめきも消えてしまい、それはわたしが止めてしまったと知っていました。輝かしい感覚が身体の中を走るのが終わってしまったこと、同時にどこに向かっているのか、それが大丈夫なのかわからなかったことで、自分を腹立たしく感じました。この魔法のようなところをどう進んで行けるか、どう自分の正気を保っていけるのかうろたえてしまったのです。

　すると、猛烈な勢いであることが分かったのです。18歳の時に2人の友だちとサンタバーバラの山に登り、一緒にマジック・マッシュルームを食べたことを思い出しました。ドラッグでかいま見ることができた、時間の感覚もなくなり、自然と一体となれた深いところを思い出したのです。

　水の中や自然の中にいるスピリットたちを見たのは幼少期以来その時が初めてでした。友だちとわたしは小川の脇の腰掛けられそうな岩を見つけました。わたしはその日の大半を、小川が深く曲がったところにできていた水たまりにしゃがみこんで過ごしました。ただただ水から目が離せませんでした。みんなに「今の見た？ ほらっ、見えた？」と聞きまくっていたのですが、誰にも聞こえませんでした。みんなは木登りに向かっていました。この日サンタバーバラでの小川のスピリットたちに、それまで感じたことのない、わたしの中の何かが呼び起されたようでした。どこであろうとも永遠にすべてを知っているという感覚でした。それは深い一体感と安らぎを伴い、感情や思考などは伴っておらず、ただただ素晴らしい無限の空間が広がっていました。水の中のスピリットを見たり感じたりすることが恐ろしいことなのか、うっとりするようなことなのかすら分かりませんでした。わたしは魅了され、そこから離れることも、水の中に進んでいくこともできなかったのです。小川の脇で土と落ち葉の上にただ座り、意識が深くまた深く暗い水の中に落ちていくのを感じていました。それはまさに恍惚感を得ていたのです。

　日が暮れて、マッシュルームの効果も消えていきました。このニュージーランドの森の地面に座り込むまでは、これらの水のスピリットのことをすっかり忘れてしまっていたのです。

それらすべてがよみがえってきて、あたかもドラッグ抜きで、自分と自然との深いコミュニオン（*すべてとつながっている深いワンネスの状態）にさらされようとしているようでした。母なる地球は、彼女の魔法と小さなそして強力な存在の姿を見せてくれ、わたしを出迎えてくれたのです。自分ではまだ自覚がなかったものの、彼らはわたしが準備できたことを知っていたようです。

わたしは再びきらめいたエナジーの中に解き放たれました。そして次に気がついた時には、身体の痛みを感じながら、ずぶぬれになってその森の地べたで目を覚ましました。その少しの間に自分がどこにいたのかすら分かりませんでした。永遠のように長く感じたのです。頭がもやもやし、起き上がりたくなかったのです。

そこでぼんやり座っていると、わたしのまわりの植物から変わった輝きが放たれているのに気がつきました。そしてそのことから、すでに日が暮れて暗くなり始めていることに気づかされました。真っ暗になる前に起きて行かなくては。森の小道をゆっくりと足をよろめかせながら歩きました。

森のはずれに戻って来た時に一瞬立ち止まり、自分が人間の土地に帰りたいのかどうか分からなくなっていました。人のいるところに無理矢理戻らなければいけないと感じ、そのことに嫌悪感もありました。しかし森の中にはとどまることはできないと知っていました。そこはわたしのいるところではないと知っていたのです。

森を抜け出て来た時には、森の植物から輝きが放たれているだけでなく、あらゆる草や、そこから離れたところにある建物からも、かすかに虹色の輝きを放ってることに気づきました。

その輝きが消えるまでに10日間くらいありました。その後は、木や植物、花だけにその輝きがあります。もちろんたまにコンシャスな人からも。

この旅の終わりにギャリーはわたしに、動物の骨を彫った半分がドラゴンでもう半分が魚という生き物のネックレスをプレゼントしてくれました。それは

何かと聞くと、マオリ族の人がタニワと呼んでいる水の精だと教えてくれました。「ああ、あの湖にいたスピリットだわ」と思いました。

　数多くの土着文化では水のスピリットの存在を信じているだけでなく、彼らの先祖のスピリットも信じられています。

　例えば、バリ島の人たちは水の中には悪霊が住んでいると信じています。わたしには水のスピリットが悪とは言い切れません。ただ彼らは深く暗いため、このようなものに人々は背を向けてしまいがちなのです。世界中でスピリットたちが存在するということは常識となっていると言っていいでしょう。

　シェークスピアの時代には、霊がみんなの日常生活の一部であり、霊をあざけるようなことは愚かなことだと考えられていたことも誰もが周知の事実です。

　わたしたちのいるこの社会が、スピリット界に関してこのようになってしまったことに、果てしない驚きを隠せません。いつの日か、このことを振り返り「霊を信じない時代もあったんだよね」と言う時が来るでしょう。それはまるで「地球は平だって信じられていたんだよね」というように。

友人の父が訪れて来た
A Friend's Father Comes to Visit

　否定から完全に自分の力をこの手で行使する移り変わりのさまとは、少し荒々しく山登りのようなものでした。登りはきついのですが、頂上に着けば気分がいいことは誰もが知っているような感じでしょうか。最初のステップは、とにかくそこには山があると認めることでした。2つ目のステップは、どこを登ったら一番かを見つけ出すことでした。3つ目は単純にスタートしたら、それを続けるということでした。振り返ったり、戻ったりすることは、わたしにはありえないことでした。行く道がどんなに険しくても、前に進むんだという気持ちは揺るぎませんでした。戻ったとしても、永遠につまらなく、これから向かう先よりも満足感が得られるわけはないと知っていたのです。

　20代に入ったわたしは、もっと安らぎを見い出せていました。

　わたしが最初のボーイフレンドに出会ったのはこの頃です。彼はわたしがアパートをシェアしていた人と同じ現場で大工として働いていました。電気技師のトムがわたしの同居人でした。トムもアクセスをやっていて、すぐにわたしの彼氏となるケビンをバーズ・セッションに誘っていたのです。ユニバースが与えてくれたチャンスらしく、ケビンがドアを叩きにやってきた時には、トムはそれを「忘れて」ロサンゼルスに行っていました。

　ケビンがドアを叩き、わたしがドアを開け、その後はご存じの通り。

　ケビンはわたしの初めての正式なボーイフレンドとなり、わたしの人生に多

くの新しいものをもたらしてくれ、わたしも彼にそうできていました。彼は港の船で暮らしていました。そんな人には初めて会ったので、とても格好いいと思いました。船の乗り方や、信じられないかもしれませんが、やったこともなかったタロット占いも彼から教えてもらいました。

ある夜、わたしとケビンが眠ろうとしている時、ベッドの横に立っている強い存在がいるのに気づきました。なにか大きな柱にでも激しく見つめられているような感じがしました。それはとても強烈なものがあり、その存在を否定できるものではありませんでした。昔のわたしなら無視できたのですが、もうできなくなっていたのです。怖くなってきて、アクセスで習ったツールを使ってクリアにしようとしました。

通常、これらのツールはとても効果的ですが、この場合は全く結果を出すことができませんでした。わたしはビーイングに去ってほしいと願いながら、しつこくクリアリングを続けたのですが、その存在はそこに立ち、より一層激しくわたしを見つめているようでした。

そこでこの存在に、彼は（男性のエンティティだと確信があったので）、わたしにどうしてほしいのかと聞いてみたものの、わたしが読み取ることのできる返事は得られませんでした。

そこで何をしてるのかと聞き続けても、無駄でまったく反応はありませんでした。

眠れずイライラし、ついにわたしは起き上がりました。ただこの存在が見下ろしているベッドでも眠りたかったのです。ケビンにはなぜ場所を変わってほしいか告げることもなく、その存在が立っている場所とケビンの場所を入れ替わって寝てもらいました。

次の日の夜、わたしたちが眠りに就こうとすると、またあの存在感があり、わたしの気を引こうとじっと見つめているのでした。そしてまた無駄なクリアリングや、どうしたいのか聞いたりしても何の役にも立ちませんでした。そして

また眠りに就いたのです。

3日目にベッドに入ると、また存在感があり、この時は強い視線にたまりかねて起き上がり、ケビンにこのとこを知らせることにしました。

ベッドの横に立つ存在について、できる限り分かりやすくケビンに伝えたのです。

クリアリングしようとしても、何も成果がなかったと説明しました。その存在がわたしに何を言いたいのかさっぱり分からないと言うと「彼は君と話したいのかい？」とケビンが聞いてきたのです。これには感嘆。その通り、もう明らかですね。

わたしは聞き方が間違っていました。この存在はわたしに話があったのではありません。彼はケビンと話をしたかったのです。当たり前！そしてわたしはファシリテートを始めようとしていました。

疑いながらも、どうなるかやってみるつもりでした。なるべくそこに自分の視点を入れないようにし、どんなことが伝わってこようが、ただ代弁人に徹しようとベストを尽くしました。

ケビンがこのことをどう受け止めるのか見当もつきませんでしたが、わたしはこの機会を利用してこれが一体なんなのかを見たかったのです。

半信半疑でケビンを見て、これが本当に起こっていることかと尋ねました。彼は大喜びするかのように笑顔で「もちろんだよ」と待ちきれない様子で、同時にわたしを誇らしげにしているようでした。彼がわたしの持っているこの能力を見たがっているとは、号外ニュースのような衝撃がありました。恥じるべきことではなく、興味を持つ人もいるのだと気づかされました。わたしが見えることを他の人に伝えたり、聞こえないことを代弁したりすることを励まし勧めてくれた人に出会った初めてのことでした。

「あなたのお父さんが今ここにいて、ごめんなさいって言ってる」となるべく早口で伝えました。わたしの心に邪魔させたくなかったのです。

この少ない言葉だけでケビンは泣き始めました。これにはわたしたち2人とも不意を突かれました。このような感情的な反応を予期していなかったのです。わたしは急いで次に進みました。まだ2人とも続ける気があるうちに、この時をものにしてしまいたかったのです。彼の父親はケビンを誇りに思っていて、彼の人生で一緒にいられなかったことをすまないと感じていると言ってほしいと伝えてきました。

これは簡潔なメッセージでしたが、それで十分だったのです。ケビンは大粒の涙が止まらなくなりました。

これは新境地を開いたようなものでした。すべてわたしが作り上げていると簡単に無視することもできたのですが、思いもよらないケビンの抑えきれない感情的な反応がそうではない何よりの証拠だったのです。

ケビンの父親が生きていた時、2人はいい関係を築けていませんでした。父親は虐待的で頑固な人で、ケビンもあまり父親については話さないものの、静かな恨みを抱えていたのです。ケビンはとても腕の立つ大工で、オーダーメイドの船の建築士でもあり、この分野で、彼の洗練された技術と芸術性で有名だったのです。父親は彼の仕事にはさっぱり興味を示さず、ことさらケビンを単純労働者とばかにしていたそうです。

父親が死ぬまでの間、お互いに会うことはほとんどなく、亡くなった時にケビンは葬式にも顔を出しませんでした。

わたしはケビンと一緒に1年付き合っていましたが、このような彼は見たことがありませんでした。いつも本来の自分を避けていた彼は、初めて会う人のようでした。それまで、わたしとの会話の中で父親のことを口にしたことは、ほんの数回だけでした。こんなにケビンが父親の影響を受けていたとは、またそれらの感情をしまい込んでいたとは気がつきませんでした。

また父親は、ケビンの母親に対してのあしらい方も悪かったと思っている、それも許してくれるかとこぼしました。

　この出来事はわたしたち全員にとってギフトとなりました。ケビンの父親は、何を望んでいるかをわたしが理解しなかった時、去ることを拒み留まり続けることでわたしに力を貸してくれました。この件で、時にエンティティは誰かにメッセージを届けてほしいために、わたしたちのところへやって来るということを教えてくれたのです。

　わたしが口にしていた言葉ではなく、何かしら伝わったエナジーそのものが最も大きく影響していました。ケビンにも父親にも多大な癒しが起きていたのが分かりました。

　このことで初めてわたしが理解したことは、どう死んだ人と生きている人のコミュニケーションを手助けし、双方を癒し変容させるかとういうことでした。生きている人が死んだ人から多くのことを受け取れるとはいつも知っていましたが、死んだ人が生きている人からもこんなに受け入れるものがあるとは全く気づいていませんでした。

　ケビンが許したことで父親も癒され、先へ進むことができたのです。

　死後ではなく人生で本当に重要だと思っているものに何がどうあれば人は気づくことができるでしょうか？

　人生のどんな時でも何が重要なのかを自分で見い出すため、ちょっといたずらっぽいことを思いつきました。

　今日が自分の人生の最後の日だと想像するのです。わたしが明日の夜明けには死んでいると想像し、もしこの想像に実際に入りこんだとしたら、わたしが本当に重要だと思っているものが表面に上がってくるのです。

　するとしがみついていたものや不愉快だったものが、広い視野のなかでは

大したことはなくなるのです。

　妹と口論したことも大したことではないと気づくのです。それをわたしがどんなに正しいと思っていたとしても。わたしにとって重要なことは、男の子が電話をしてくれないとか、お金があまりないとか、お尻が大きいとか、そんなことでは全くないのだと気づくのです。本当に重要なことは、みんなにそして自分に対しての愛なのです。そして愛してる人に愛していると伝えることだと。

　スピリットたちから伝えられてくるメッセージは、ほとんどが愛と許しに関するものです。彼らは特定の人に自分が愛しているということを単に知ってほしいか、生前に何かしたことのお詫びがしたいというのが大半です。たいていそれらのメッセージはこんなにもシンプルで、それまでは気づきもせず思ってもみなかったようなことばかりです。

　この *ミディアム（*霊媒）という「仕事」を通して学んだことは、ほとんど（すべてではなく）の人が、人生の生き方に満足しておらず、彼らが未解決だと思っている何かに、改善や癒しを試みようと戻ってくるということです。

　そんなわけで、わたしはケンカしてきた人には電話をして謝り、自分の中で気にしていたことを解消させます。どんなに思っているか伝えていなかったかもしれない人生の中のすべての人に愛を送ります。自分の人生にあった正しいとか悪いというジャッジメントを、また人に何かされたと感じたものをすべて壊します。

　自分の人生と自分の感情にはわたしが全責任を負うのです。

　死は最後の挑戦となります。いままでの人生で顔を背けていたようなことに、真正面から向かい合うことになるのです。もう無駄な時間がないこと、大きな変化が起こっていることに気づかされます。誰もが知っている現実との境界線に差しかかるのです。ならば、その境界線上で生き、人生に注意を向ける方がいいのでは？　今日で人生が終わると想像するというプロセスを通して、自分の人生を当たり前のことだと思わなくなりました。この世界を楽しむために

この身体を授かったのだと気づきました。そしてこの現実はとてもはかないものだということも、すごくリアルになってきました。

これはしばらく効果があるのですが、自分の人生で今に在るということができていないと感じると、このエクササイズを再度やるのです。

わたしがこの世を去る時には、何かやり残したことがあるからといってここに留まりたくはないのです。

ニューオリンズでの夜
An Evening in New Orleans

　ケビンはどんどんアクセスに興味を持つようになり、継父がクラスをやるフロリダのパンハンドルまでドライブで国を横断しようと提案してくれました。彼のワゴン車を使えば、途中キャンプしたり、友だちや家族に会えると言いました。まだ車でアメリカを横断したことがなく、そんな冒険にすごくあこがれていたので、これはとても楽しそうだと思いました。

　南カリフォルニアからアリゾナやニューメキシコの乾いた平らな砂漠に移り変わる景色を見ることができたこのドライブは本当に楽しかったのです。テキサスに入ると、どれだけ進んできたか目安となる州を超えた標識もなく、ひたすら果てしなく続く道路と空が続くだけだったので少しつまらなくなってきました。

　1985年のフォルクスワーゲンのカーステレオもエアコンもないワゴン車でドライブしていました。もしカーステレオがあったとしても、エンジンのごう音と道路の雑音で聞こえにくかったはずです。暇つぶしに、わたしはウォークマンで「あるヨギの自叙伝」と「神との対話」を聞きながら、風景を眺めていました。これらは国を横断する時間には十分な長さと面白い内容がありました。別世界の奇跡と精神哲学はわたしを楽しませてくれました。

　テキサスの東部に入ると、湿気が壁のようにぶち当たり、もう運転を止めてみたい頃でした。ケビンの家族がいるニューオリンズに立ち寄るのがいいだろうと、わたしたちは思いました。

アメリカのそのあたりを、わたしは一度も訪れたことがなく、どうなるか想像もつかなかったのです。アメリカの南部というと何を連想しますか？

　この辺りの堂々としたオークの大木から不気味に垂れ下がるサルオガセモドキ、それともピーチパイ、またはフライドチキンとアイスティー？

　わたしにとっては、非の打ちどころのない南部のおもてなし、派手な髪形、大きな帽子、大きなおなか、そして大きな人種差別が思い浮かびます。もちろん奴隷制度や人種差別の話は聞いたことがあるだけでした。それらすべては歴史の教科書の中にあることでした。わたしは人種差別主義をするようなひどい人には実際にあったことがありませんでした。これは世間の荒波を知らずに生きてきたという意味だと心得ています。人間がなしうる恐ろしい出来事から自分をかばうことは出来ても、五感を超えた並み外れの超常現象体験は避けられなかったのです。皮肉なものですね、分かっています。

　失礼な言い方かもしれませんが、わたしはアメリカに渡って来てくれた奴隷たちに感謝しています。奴隷制度はかなり恐ろしいことでしたが、そこから結果的に得られたものは全般に素晴らしいものだと個人的には思います。アフリカ人たちが奴隷としてやって来なければ、ジャズ、ブルース、ソウル、ヒップホップ、ロックは生まれて来たでしょうか？　誰かが他の人をコントロールするためにそれだけ真剣になって取り組むなんて信じがたいことですが、そもそも誰が奴隷だったのでしょう？　どうしてそんなことができるのでしょう？　わたしの理解の範疇を優に超えることですが、それと同じくらい森の木を切ったり、動物を殺したりする人も理解できないのですから、誰かを自分より卑下することを強いるなんて全く理解不可能です。いずれにしても、アメリカに来たアフリカ人が生み出したものは素敵なものばかりですよね。

　ありがとう、ありがとう、ありがとう！

　ヒューストンに近づいてきたのは真夜中でした。街の中心部の近くでガソリン補給に車を止めました。I-10（南カリフォルニアからフロリダに走っている高速道路で、ちょうどテキサスの中央を通る）がヒューストンの中心を通り

抜けているのです。車を停止させエンジンを切りました。途切れない道路の騒音から、耳鳴りのように耳がブンブンいっていたので、休憩が取れるのはありがたいことでした。湿気で耐えられないような暑さでした。ヒューストンの都市荒廃には実に興味をそそられたものです。歩道は風化してデコボコで、草が表面から生え出し、アスファルトのあちこちが割れていました。いくつかの建物は老朽化しほったらかしになっていました。とはいえ都市です。ヒューストンはとても栄えている都市です。サンタバーバラはビーチの街で、人々が生活するというよりも、ちょっとしたリゾートのようなようなところです。一見サンタバーバラは最高ではありますが、わたしはこの真夏の夜遅くにヒューストンの魂からもっと広い世界というものを学んだのです。

　1999年の中心地のまわりでは、莫大なとんでもない数の建築工事が行われていたことから、東へ向かう高速道路に戻る道を見つけるのに時間がかかりました。工事現場は映画「エイリアン」の宇宙船の中を見ているようでした。どこも真っ暗で、ワイヤーやコードがそこら中にからみあい、都市底部の基盤のセメントはむき出しになっていました。そこには鉄格子が張り巡らされ、湯気が立ち込めていました。同じところを右往左往し、案内標識が間違った方向を示していたようです。何も知らなければ、これはただ単に都市計画がひどいだけだと思ったでしょう。どうしてそこから抜け出せないのかと不思議に思い始めたのを覚えています。わたしたちがその道路に出てニューオリンズに向かうのを何かが邪魔していた？

　ニューオリンズの旅の後には、はっきりとしたメッセージがわたしには届いたのですが、この時は、偶然と見えない大きな手がまざり、わたしたちを間違った方向へ推し進めようとしていたのです。悪戦苦闘の末、ようやくわたしたちはI-10の東に向かう道に出ることができました。

　夜通しでルイジアナに向かいながら、夜明けがシュールな地球の表面を明らめていきました。それは見たことのないような湿地帯の土地でした。この地方の高速道路は何百マイルもの湿地の上に架けられています。苔で覆われた木々が不気味さと怪奇さを醸し出していて、この泥水の下にはどんなものが潜んでいるのかと想像を膨らませたものです。最初の居住者はどうやってこの

荒れ果てた土地にわざわざ住み着いたのかと不思議でなりませんでした。

　ついにニューオリンズに近づいてきて、I-10を出て北に向かい、平らで永遠に続くかのようなポンチャートレイン湖の橋を渡り、友だちの家まで荷物を運び降ろし、ニューオリンズの街に繰り出す前にシャワーを浴びたりしてリフレッシュしました。ケビンもわたしも4日間、交代で運転していたため、まともな睡眠を取っていませんでした。どちらかが運転している時に、一人が眠るか、または二人とも起きて話したり行く道を気ままに楽しんでいました。ニューオリンズのおいしいものを食べ飲みするよりも、睡眠のうめ合わせをするべく一晩待ってもよかったのですが、後から思えばその方がよかったかもしれません。でもわたしたちは休むよりも街に繰り出して楽しむことにしました。

　ニューオーリンズの古い街、フレンチ・クオーターの中心部に着いて10分後には、期待していた通りには楽しめそうもないことに気づきました。その街のエンティティたちは、そこの湿気以上に密集していたのです。わたしは気のせいだと思おうとしました。それはその時、ひとつの場所にいるそれほどたくさんのエンティティをどうしていいのか、それとも何かできることをやってみるべきか分からずにいたからです。わたしはそれらすべてを遮断しようとし、ただ一緒にいるみんなから遅れないようについて行きました。意図的に遮断することで、少しは効果があると思っていました。それでも結局は、無視しようとしていた巨大な紫色のゴリラのような存在に頭を殴られ、わたしには2つの選択があると気づかされました。その圧力につぶされるか、または「それ」がどう見えようが、どんな感じがしようともきちんと向き合うか。わたしは自分の中であらゆる葛藤と闘っていました。これは少し新たなアウェアネスでした。これほどの大量のエンティティに囲まれるのは、すでに忘れていた子供時代のイギリス以来のことでした。わたしはなるべくそれに気を取られないようにし、楽しく過ごそうとしましたが、さらに居心地が悪くなっていくだけでした。

　石畳の路を歩いて行きながら、見渡す限りの壁の前にエンティティが3列で立っているのに気づき驚かされました。ニューオリンズには人よりもエンティティの方が多くいたのです。わたしはそんなことはあり得ないと見ているものを拒みました。そんなことがあるなんて全く考えも及ばないことだったのです。

また、それまでに経験したこともないエナジーを感じていました。言葉が分からなくなっているような気がしたのです。何かに気づいているのか、それともただの幻想？　不気味なことがここで起きているのか、わたしの錯覚？　すべてを納得させようとする自分と、狂ってしまったかと思う自分との間で板挟みになっていました。しかし、その街を歩いて過ごして行くうちに、そういうことかと理解しはじめました。5つ目の気味悪いブードゥーのお店を出た後、それまでは気づき忘れていたことがあったと気づきました。ニューオリンズの通りのスピリットたちはブードゥーを知っていて、わたしが知らない言葉を話していたのです。

　後に、奴隷としてアメリカに渡ってきたアフリカ人たちが、彼らの宗教であるブードゥーを持って来たのだと知りました。ブードゥーとは本来スピリットという意味です。ブードゥーは地方のおだやかな宗教だったものが、極度の残酷さと奴隷貿易の弾圧により、攻撃的で時に暴力的にさえなって行ったのです。白人の奴隷所有者たちが彼らの宗教を魔術だと考え禁じたため、信奉者たちはひそかに信仰することを余儀なくされ、彼らの神のスピリットはヨーロッパのカトリックの聖人の名前と姿に置き換えられていったのです。

　ブードゥーの信奉者は、スピリットに彼らの魔術と援助を求め呼びかけているのです。みなさん南部へようこそ！

　もとより奴隷として来たアフリカ人たちはスピリット界に注意を払ってきました。そんなものがないとは教えられていないのですから。それどころか、むしろ彼らはこの世を去った先祖たちとつながりを持つことを奨励されていました。スピリットを信じ、力添えを求めるよう育てられてきたのです。

　その街を楽しく歩き回っている旅行者のまわりには、気がつかないとしてもスピリットたちでいっぱいなのです。

　前にも述べたように、エンティティが街の壁に沿って3列に立っていました。壁に沿ったいちばん手前の列には、すべて男性のエンティティだけが並んでいました。彼らは口の中が真黒で、うつろな目をして通りを向いて立っていま

した。個々でのものというより、全体が一丸となってメッセージを放っているように見えました。そして何千という虫が一斉にブンブンうなっているような音がしていました。

　男性の後ろには女性が列になって立っていました。彼女たちのまなざしにはもう少し存在感があり、見ているものを目が追っていました。あえて言うならば、メッセージを発しているのは彼女たちでした。わたしには女性たちの個々の気持ちが読み取れました。彼らの後ろには人ではなく暗闇で、言い表しようのないさらに強いエナジーがあったのです。それは一つとして形を成してはいませんでしたが、まざまざと感じられるものがありました。

　後から知ったのですが、なぜ女性が男性の後ろに立っていたかというと、おそらくブードゥーが家母長制の社会から生じて来たものだからでしょう。男性は女性を守り、女性はその後ろでこのエナジーを守っていたのです。彼らの後ろにあったものはこの宗教の「真の」魔術ではないかと思います。アフリカ人がアメリカに持ってきたそれらのものは、罰を受けることを恐れて隠しておかなければならなかったのです。おそらく彼らの後ろが暗闇になっていたのはこのためです。暗闇でそれを覆い隠してしまえば誰にも見えません。さらに人々は「闇」に包まれているものには目を背けるという傾向があるのですから、貴重なものを隠して置くのに闇の中ほどいいところがあるでしょうか？

　さて、これらがはっきりとわたしの心の目を通して見えていたものの、まだそれを無視することで理性から存在をかき消そうとしていました。これは本当のことにしては度が過ぎる。しかし、更け行く夜の中でその影の中にどんどん自分が飲み込まれる内に、認めたくないながらも現実を認め始めました。これは本当に起こっていると。

　この頃には、わたしたちが「今すぐ」ここを立ち去るようにと抗議の囁きが聞こえるだけでした。わたしの心はかき乱され、どんよりし、感情的になっていました。この有名な都市で新しいものを見たり聞いたりして楽しんでいたかったのに、膝ががくがくし、気が狂いそうになっていました。

わたしはついに、どうしても早くそこを去りたいとケビンを納得させ、彼はわたしが具合が悪いので先に帰ると友だちに伝えるという役まわりをしてくれました。友だちはみんな引き止めようと、どうしたんだと聞いてきましたが、わたしには泣くことしかできませんでした。そこでケビンはわたしを連れて、みんなから去りワゴン車に戻してくれました。本気でそのスピリットたちに頭が混乱しきってしまい、会話もままならない状態でした。楽しくはなかったけれど、重要なことを学んだ経験となりました。

　ケビンはこの突然の出発にさほどがっかりもしていないようでした。わたしのつらさも理解し、やはり彼も通りに潜んでいた暗闇を感じていたのでした。

　後から知ったのですが、ニューオリンズには墓地ツアーや死者の街ツアーなどが実際にあるのです。スピリットが崇められ、称賛されているのです。彼らが去りたくないのも納得がいくことです。どうやらニューオリンズでは土地が湿地であるため、遺体は地上の埋葬室に葬られるのです。それは小さな家のように見え、墓地はまるで小さな死人の街ができているようなのです。地下に埋葬された遺体は雨期に地上に浮かびあがってきてしまうのです。住宅街でも同様です。ニューオリンズにある家の下を掘り起こすと、どこでも死体が出てくるそうです。ゾー！ここが気味悪かったのも当然です。

　街から遠ざかれば遠ざかるほど、リラックスでき、本来の自分を半分くらいは取り戻せた感じがしてきました。ケビンには街でわたしがどうなっていたかを説明できませんでした。「ただ気分が悪かったの」としか言えませんでした。

　この夜のことを振り返り、何が起こっていたかをはっきり思い出せるようになるまで何年かかりました。それからはルイジアナを訪れることはできていませんが、ハリケーン・カトリーナがニューオリンズの超常現象にどう影響したのかが気になります。自然の力が何よりもそこに留まっていたスピリットを一掃したと賭けてもいいくらいです。自然の力は時に、恐ろしくもあり影響力が強いものですが、人間が創り上げたアンコンシャスネスによる恐ろしさや影響力ほどではないのです。わたしたちがそれを好きであろうがなかろうと、自然はいつもわたしたちを調和させます。

自分への成長
Growing into Myself

時がたつにつれ、さらにもっとたやすくエンティティたちとコミュニケーションが取れるようになってきました。自分で作り上げた幻想ではないことを全面的に認めることができ始めました。そこに価値を見い出し始めてもいました。そのことがひどく恥ずかしかったのとは対照的に、実際、価値ある＊コントリビューション（＊ギフティングとレシービングが同時にある状態）になることがいっそうリアルになってきました。自分が異常だとは考えなくなってきて、この能力を受け入れ認め始めていました。

お金を払うので、読み取ってほしいことがあると言う人が現れてきました。わたしは「そんな、お金なんてもらえない、もしうまくできなかったら？」と思っていたものです。

初めて来た人はロレインという女性で、テキサス出身で小柄な金髪の魅力的な美人でした。彼女は自分が探しているものを、わたしが与えてくれると知っていました。彼女はしつこくお願いしてきたので、まだ躊躇していましたが聞き入れることにしました。

これが初めてお金をもらったセッションだったのですが、ものすごいプレッシャーを感じていました。

わたしたちは一緒に席につき、彼女はメモと録音の用意をし、始めたくてたまらない様子でした。わたしがやっていることは、変な子供の妄想ではないと自分を納得させようとしました。わたしは自分を強いるようにロレインの

スペースをのぞき込み、何が見えるのか見てみようとしました。なんと、まさか？ そこには彼女の父親、他の家族の人もいたのです。「なんてこと、何から始めたらいいの？」

わたしはまず父親の姿について説明し、本当に彼女の父親かどうかを確認したところ、その情報にすべてうなずき「そうそう、まさに父はそんな感じよ」と聞き入れました。

「この人は狂ってるわ、でもこの人が狂ってるとしたら、わたしはもっとトチ狂ってるわ」と思いました。

彼女は父親の遺言について知りたがっていました。その残したはずのお金はどこにあるのか、家族の誰もが知らないらしいのです。「まいったな…彼女は事実的情報が必要なんだわ、もし間違ったことを伝えたらどうしよう？」もしこれがわたしが見ている妄想だとしたらどうしよう？ もし正しく伝えられなかったら、インチキってことになってしまう。

どうにかして疑惑疑念を振り払いました。そして霊界でもまだ行ったことがないところへ自分を推し進めました。自分が察知したことを追い払うのではなく、それを言葉に置き換えることに必死になりました。

彼女の父親とのコミュニケーションが始まりました。ロレインが必要な情報を聞いてみたのですが、それは容易なことではありませんでした。わたしが家族の一員ではないので、話すのに難色を示していました。「ねえちょっと、あなたの娘さんにいいセッションをしてあげたいだけなの、少しわたしに協力してもらえない？」と頼んでみました。

「いいだろう、だけどロレインに母親には黙っているように伝えるんだ」との返事が返ってきました。

彼が条件を付けて来たことにびっくりしました。これは興味深いことでした。起こっていることに対してエンティティが意見を言うこともあると初めて知った

のです。もしスピリットが何かの情報を打ち明けたくないなら、人間と同じようにやはり黙っているでしょう。もし誰かがわたしに、ある死んだ人にコンタクトして欲しくても、その死んだ人がコンタクトしたくなければ、わたしには何もしてあげることはないのです。もしあなたが誰かに電話をかけても、その誰かがあなたと話しをしたくなければ電話には出ないはずです。彼らをだますのなら別ですが、それはまた今度お話ししましょう！

　ロレインに父親がこれからあなたが必要な情報を与えるかどうかで条件があると伝えました。彼女は笑って「もちろんよ」と答え、進めることにしました。

　彼は、囲まれた長い庭に何本かの高い木と突き当りには家が建っているイメージをわたしに見せました。その庭のイメージはあまりにすばやくパッと浮かび、見逃すところでしたが、その微かに受けたイメージが頼りになりそうだと思えてきました。彼女にその庭のことを伝えると、ワシントン州にある父の家の裏庭のようだと言うのです。「そう、そうみたいね」とわたしは父親に確かめて答えました。

「その庭とこのことが何か？」と彼女は疑問を投げかけてきました。

「その庭にお金があると言ってるみたいよ」とわたしは返事しました。

「まさか！」と彼女は開いた口がふさがらずにいました。

「まあ、そうみたいよ、大きなモミの木の横」

「そうじゃないかとは思ってたけど、信じられないわ。父は世界大恐慌の時代に育ってきたから銀行を絶対に信用しなかったの」と彼女は言いました。

　これはわたしが聞いた話の中で最も笑える話の一つだと思いました。金を自分の庭に埋めている人がいるなんて。それも銀行を信じないということで。

　ロレインは弟と母親に、父親はそういうことをやりかねないと訴えていたも

のの、母親はその考えにとても抵抗を示していました。ロレインの母親は「目と鼻の先にいたわたしが気づかずに、どうやってそんなことができるんだい？」と聞き入れなかったそうです。母親の自尊心から、子供たちには庭を掘り返すことをさせませんでした。

　この母親の反応は、父親があの世から彼女の頭に送った思考によるためのものだと思います。父親は母親に財宝を見つけて欲しくなかったのです。ロレインの父親は妻をひどく恨んでいるようで、あの世からこの女性を操つり、彼女には隠していたものが見つからないようにしていたのです。ロレインの父親と母親のお互いの関係の心理的要素についてを読み、口出しすることはわたしの役目ではありません。ただロレインの質問に答えるべく、関連性のあるポイントを分かりやすく理解してもらおうとしていただけです。なのでロレインの父親が母親を嫌っていることも省きました。

　わたしからの確かな情報にロレインは大喜びしていました。弟に電話して昔の家族の家に行かせて掘り起こすのが待ちきれないと言いました。できるかぎり詳しく庭のどこにあるかを説明しました。彼女は立ち上がり電話をしに向かったのです。

　「ああ、わたしが言った通りだといいけど。でももし間違ってたら、わたしは解放されるわ。こんなバカなことはやめて、また普通になろうとするわ」と思いました。

　そんなチャンスは巡ってきませんでした。数日後、ロレインから電話があり、ゴールドを掘り当てたことを報告してくれました。彼女の弟はすぐにその家に向かい、わたしが伝えた場所を掘り始め、出てきたのです。100万ドル以上の金貨と札束でした。それを聞いたわたしは「なんてこと、泣きそうだわ、やっちゃった？ なんてこと！」

　わたしは本当に驚きショックで、信じられない気持ちでした。

　言うまでもなく、ロレインは見つけたものに大満足で、わたしもショックが

落ち着いてからは、自分のやったことにまんざらでもなかったのです。

　わたしがやっていたことなのに、自分でも信じていなかったのですから傑作ですよね。時にわたしはおばかさんみたいになるから、可愛くてよかったな。と思うのです。

ロビン
Robin

　ロビンは継父のクライアントの一人で、彼女にわたしとのセッションを継父が勧めてくれたのでした。わたしはカリフォルニアにいて彼女はテキサスに住んでいたので、電話でセッションをすることになりました。

　母親が重い病気で伏せていて死期が近づいていると、ロビンは話し始めました。

　遺言書に変更を加えることに母親が同意してくれたため、書類ができたらサインをしてもらうつもりでした。

　その日の朝に母親に話をし、ロビンは午後に母親の家を訪れました。

　数時間の話し合いと説得を試みた後、サインをもらえないことに当惑しながらそこを去りました。次の日また電話すると、母親はなぜ来ると言って来なかったのかとロビンに聞いてきたのです。

　ロビンはあきれ返ってしまいました。それまで母親がそのようになったことはなく、そのようにさせている症状がアルツハイマー病のせいだけではないと知っていました。ロビンは彼女を訪れて話し合いをしたと説明しましたが、それを聞いた母親はひどく動揺してしまいました。前日の午後にロビンが来たことを彼女は全く覚えていなかったのです。母親はロビンにサインするからまた来るようにと伝えました。

次の日、ロビンが母親の家に行くと、また遺言書のサインについて長い話し合いになり、まったくの無駄足となりました。

　ロビンは母親の精神状態が心配になり、その日の午後、母親の主治医に電話をしました。主治医はそのような兆候は見受けられないが、次回の診察の時に詳しく調べると言っていたそうです。

　ロビンは母親がもう少しで頭がおかしくなるのかと考えていましたが、その夜ある夢を見ました。

　その夢の中で、彼女は母親の家のリビングルームに一緒に座っていました。しかし母親が3人いたのです。3人とも母親とは似ても似つかない容姿をしていながら、ロビンには全員が母親だと分かりました。強く覚えていることは、そのうちの一人が「わたしがあなたのお母さんよ、この人たちじゃないわ」と何度も何度も繰り返し言っていたそうです。

　次の日、目を覚ましたロビンはすぐにギャリーに電話をしました。言ってみれば彼女の母親が一つ以上のエンティティに操られているとロビンは気づいたのです。

　ギャリーはそれを認め、わたしとのセッションを予約するよう勧めてくれたのでした。

　このロビンの話を聞きながら、すぐに彼女の母親のまわりのいくつかの存在に気づきました。

　わたしはロビンに母親は頭がおかしくなっているのではないと伝えました。彼女の母親はギャリーとわたしが多重占有と呼んでいるもので、つまり彼女には一つ以上の存在がいるのです。

　これは思っている以上によくあることです。決断が困難な時、いつも頭の中の声に相談しなくてはならないような人は、複数のエンティティがいて、そ

れらと一緒にものを決めているためです。これはある時にはある人がある方法で行動を取り、別の時には全く違う方法で、ということが起こっています。いつも同じ存在ではないからです。統合失調症や多重人格障害などは、このたぐいの極端な例です。

わたしはロビンに母親が過去に、例えば時によって違う人に見えたり、当然知っているべきことを「忘れて」いたというようなそぶりがあったかと聞いてみました。

「ええ、まさにそうなの」ロビンはためらいながらもそう答えました。

「実は、兄とわたしは母の別の人格について冗談を言い合ってたの。時々ものすごく優しくて思いやりのある人かと思えば、全く違う人のような時もあって。まあどうしましょう！ わたしたちはただ話のネタにしてただけなのに、これってあんまりにも妙過ぎるわ」

わたしは笑ってしまったのですが、ロビンは電話先でぼうぜんとしていました。

ロビンは「どうしてこんなことになっちゃったの？」と質問してきました。

これはそんなに珍しいことでもなく、例えば、もう生きていたくないというような時に起こることだと、ロビンに説明しました。要するにその人の身体に「空き有り」のサインを出すようなもので、他の存在が乗り込んで来るのです。そしてもし、もともと占有していた存在がそのことに気づかないと、そのまま何事もなかったかのようにその身体に留まり続けるのです。でも、そこにはすでに他の存在もいて、ものごとを決めたり、対人関係を行っているのです。

またこれは、ひどい事故や手術中など身体に大きなトラウマになるようなことがある時にも起こるものです。これもまた他の存在が入ることを許可してしまいます。これは通常、ある人が人生で助けが必要だと判断した時、または何か自分一人ではできないという時に起こります。何かを助けてもらおうと意

識的に、あるいは無意識的に他の存在を呼んでしまうのです。もしその人が無意識だとしたら、他の存在もしくは存在たちに人生の主導権を握られてしまい、何もかもが少し支離滅裂ということに陥ってしまいます。

　遺言書に混乱しているということは嘘ではないと伝えました。彼女の母親がロビンとの遺言書についての会話を全く覚えていなかったのは、その会話の中で、また彼女の人生の中で他の存在が支配していたためです。ロビンが次回、遺言書のことで母親のところを訪れた時には、遺言書にサインするエンティティに現れてくれるよう頼まなくてはならないのです。それは口に出して言うのではなく、頭の中で頼むのです。複雑なことではなく単純なお願いです。そうすれば彼女は欲しかったものが手に入るのです。

　ロビンは他のエンティティをクリアにする方法はないかと聞いてきました。

　わたしはあるとは答えましたが、誰かがエンティティたちと何らかの誓約を結んでいるような場合は、その人はエンティティを離さない傾向がみられます。特に、エンティティが自分に尽くしてくれているとか、一緒にいる連れ仲間だと感じている人です。ロビンのお母さんとエンティティたちはこれに当てはまっていました。ロビンのお母さんのエンティティはお金のことに関して担当を受け持っていたのです。これはちょっと妙なことのように聞こえますが、こんなことが起こっていたのです。ロビンの母親はある時、理由は何にせよお金に関わることが嫌だと強く思ったか、それに関して手に負えないと感じたのです。すると、ほらね！ 他の存在がこなしてくれたのです。

　そのセッションでは、ロビンの隠せない驚きで終わりましたが、彼女は新たなことを試みる準備ができていました。

　彼女は数日後、母親の家に行き、エンティティにサインすることに賛成してほしいと頼み、そしてなんとめでたく遺言書にサインしてもらったと報告してくれました。みなさんにも少しアドバイスを。誰かと何か交渉が困難を極めているような時、自分にとって一番いいことを与えてくれる存在に現れてくれるよう頼んでみてください。妙ですが、本当ですよ。

カントリークラブで
At the Country Club

　東オーストラリアにあるサンシャイン・コーストは、数マイルに及ぶゴールデン・ビーチと手つかずで自然のままのきれいな広い土地があり世界でも素晴らしく魅力的な場所です。わたしは近年ここでたくさんの時間を過ごしてきました。ある夜、何人かの友だちとゴルフ場のカントリークラブでのパーティにくり出しました。そこは＊マーダーリング（*Murdering 殺人）クリーク・ロードという名前の通りの近くにありました。これは冗談ではなく、本当にそう呼ばれているのです。この名前になった背景は、アボリジニ原住民と英国人（イギリスよ、悪気はないけど、何をしたかはわかってますよね）を思えば想像できるでしょう。

　パーティ会場に着いた時、日が暮れたばかりで、暖かくおだやかな風が吹いていました。みんなが和やかにお互いの顔を合わせ、お祭りが行われている真最中でした。

　みんなと同じように楽しみ始めていたわたしですが、夜が更けていくにつれパラノイアと言っていいほど徐々に気分が悪くなっていきました。何がそうさせているのか見当もつきませんでした。みんながわたしに対して敵対しているように感じ、そこを出ずにはいられなくなりました。誰かに話しかけられると泣き出してしまいそうになり、そんな気分をどうしていいか分からず、そこを出ることにしました。

　出口に向かっていくと、見慣れた２人の女の子が通りかかり、彼女たちは

陽気にアボリジニのアクセントを真似た口調で、外で一緒にタバコを吸わないかと誘ってきました。

　タバコは吸いたくなかったけれど、どうしても彼女たちと一緒に行かざるを得ないという感じがしました。わたしたちは駐車場側まで歩き、闇の中で高いユーカリの木の下に腰を下ろしました。女の子たちは強いアボリジニなまりでジョークを言い合ったりしていました。わたしがびっくりして見ていたことに彼女たちは気づいた様子でした。彼女たちのジョークをわたしが気に入らないと思ったようですが、そんなことではなかったのです。彼女たちのジョークを聞きながら、自分が感じていたのが何だったのかようやく分かってきたのでした。そのカントリークラブのまわりには、まさに何千というアボリジニのスピリットが立ち並んでいたのです。そのことに気づくのに、どうしてそんなに時間がかかったのか不思議なくらいでした。わたしの目の前にも大勢が立っていると気づくやいなや、どこまで続いているのか見えないほどでした。

　当然ながら、彼らは一人としてハッピーではなく、それがわたしの不機嫌さの大きな要因でした。その夜から、その不機嫌さのおかげで大量の亡くなった存在と対処していることに意識的に気づくようになったのです。あの特有のパラノイア、ものすごく不愉快な感覚はいわば、警告だったのです。もっと気づくことが必要な時にはいつもこのような暗示があるようになりました。このような特有な感覚があると、多数のグループのエンティティと関わっているのだなと分かりました。大勢の霊と関わるとどうしてそのような気分による暗示があるのかは分かりませんが、とにかくそうなのです。どこに向かっているのかをよりよく見るために、ただその兆候に気づくことを学んだのです。

　あらゆる方法で気づいてほしいと試みる、わたしのまわりに立っている存在すべてに気づくやいなや、彼らにもう逝くことができるのだとただ伝えました。すると一瞬でわたしの気分が変わりました。分厚い雲が立ち退いたように、わたしは晴れやかにハッピーになってきました。

　わたしが何に関わっているか気づき、簡単なクリアリングをすると、エナジーは完全にシフトしていました。このように自分でずばり的を射ることができる

のはとても楽しいものです。あらゆることにいとも簡単に対処できるということもすごいことです。ただ必要なものはアウェアネスと変えることができるツールのみ。

古い家族の友だちが訪れてきた
Visited by an Old Family Friend

　古くからの家族ぐるみの友だちであるマリー・ワーニックは、わたしの人生において幼いころから大きな存在でした。わたしにとっては祖母のような人だったのです。彼女は老衰死するまで数年間、ギャリーの家で過ごしました。他界するほぼ直前までわたしは彼女の世話を手伝いました。彼女は長い間、苦痛を伴っていたため、マリーが亡くなった時は、彼女そしてわたしたち家族にとっても安堵をもたらしました。

　マリーが亡くなって少したったある朝、わたしは家に一人でベッドにいました。その家の床は古い木でできていたので、ギシギシピシピシときしむのは珍しくもなんともないことでした。わたしはその家にのエンティティがいる時にする特定の音に慣れっこになっていました。リビングルームで誰かが動いている音が聞こえてきて少しおびえてしまいました。この頃のわたしは、エンティティにはほぼ平気でいられたのですが、たまにスピリットがわたしを怖がらせようとしてくるのでした。これはわたしの注意を完全に引こうとするかなり強力なスピリットに違いありませんでした。

　次のようなアドバイスを数えきれないくらい大勢の人にもして来ましたが、わたしはエンティティに対してバリアを下げるようにしました。すると驚いたことに、マリーのスピリットがベッドルームのドアから頭をのぞかせ現れたのです。次の瞬間、彼女はベッドに座り、わたしの手に手を添えてきました。彼女から思いやりのエナジーがわたしに注がれていて、調子はどうかと聞いてきました。彼女はとても深い思いやりと感謝の念をわたしに向けてくれました。彼

女はとても長々と続いた死の経過をようやく通り抜けたところで、わざわざ会いに来てわたしに調子はどうかと聞いてくれたのです！ マリーは生前もこんな人でしたが、死後もそうだったのです。亡くなる前に世話をしてくれてありがとうと伝えてくれました。また、今からこの次元を去ると言っていました。それはこの現実、つまりこの世を去るということを意味していました。彼女はただ最後のお別れをしたかったのです。

　それは最高に甘く優しいエナジーの交換でした。あふれんばかりの感謝と思いやりと広がり、そして彼女は現れた時と同じくらい一瞬の速さで去って行きました。このすべてはたった 2 分くらいの出来事でした。今なら分かることですが、もしわたしが怖がって拒んでいたとしたら、それは彼女に対する不義理になり、彼女がこの世を去る経過を難しくさせていたでしょう。お礼とお別れをするため、わたしに気づかせようともっとさまざまなことをしなければならなかったはずです。

　拒むこととは反対のことで、とても近しい人を手放さないということもあります。もし誰かが亡くなった人にしがみつき行かせたくないとしたら、その思考、感情、感覚が妨げとなり、その人が他界への道をたどり移行していくことを難しくさせてしまうのです。

エンティティをどう役立てるか
How Entities Can Help Us

　世界大恐慌の時代、多くの人々が極度の貧困にさいなまれている時に、数少ないながら、自分の利益のためその経済状態を利用し、順次お金を稼いだ人々がいました。誰もが経済悪化を見ている状況の中で、違った観点で可能性を見い出そうとした人たちです。

　同じように、死に関して違った見方ができる人は、現在、正しく本物だと信じられているこの現実を超えたところにある情報に通じることができるようになります。エンティティが与えてくれる情報を利用して、それらの現実を察知したくない人々よりもはるかに素晴らしい何かを創造することができるのです。

　以前、住んでいたアパートで、上の階からの騒音がひどかったことがありました。彼らは夜通し音楽を大音響で流していたのです。すでにわたしは何度もお決まりのボリュームを下げてくれというお願いをしていましたが、彼らは音を下げるどころか、全く下げたくもないようでした。ある夜、ベッドに横になっていて、エンティティのことを何か試してみようと思いつきました。上の階にいるすべてのエンティティに音楽を止めてくれないかと頼んでみたのです。その瞬間—パタン！音楽は消え、その夜はそれからも音が戻ることはありませんでした。

　もちろん最初はこれを「ただの偶然だわ」と思っていました。次の夜、またもや音楽がガンガン響いていて、お友だちであるエンティティにヘルプをお願いしてみようと思いました。なんと、その前の日と同じで、その瞬間に音楽

が消えたのです！これは数週間、上の部屋の電気システムを修理しなければならなくなるまで続きました。実際にそうなったことは、わたしの常識をぶち壊すようなものでした。（電気システムまでもぶち壊したかどうかは定かではありませんが）そしてこのことは、それらの霊は妄想ではなく、わたしたちの世界に共存し実在するのだという気づきを深めてくれました。

それ以来、いろんなことに目ざましい結果をもたらすようエンティティに助けをお願いしてきました。ある時には効果があり、またある時には効果がみられないようでした。自分がほしいと思うものを手入れたいものですが、いつもそのリクエストが直ちに尊重されたり叶えられたりするとは限りません。時として、わたしが「望む」ものよりも、他の何か違うことに作用が働いていたりするのです。自分が何かに注ぎ込めば込むほど、わたしが望んだやり方どおりにうまくいく可能性が低くなってきます。最高の魔法が起こりえるのは、自分のやり方から外れた時なのです。どんな結果になるかということに力も感情も注がずに助けをお願いすると、たいてい最もいい結果が得られます。

他にもエンティティがわたしたちをどのようにヘルプしてくれるかといういい例が、ブルース・ウィリス主演の映画「シックス・センス」にみられます。この映画はある少年が、多くの、ほとんどが身の毛がよだつような死をとげた人々の霊を見る才能を持っているというものです。もちろん、ハリウッドが怖がらせる音楽で脚色して見せています。

映画の冒頭でブルースが演じる児童心理学者と小さな男の子が登場します。すぐにこの男の子には「死人」を見る驚くべき才能があることがわかり、内容の多くはそのことがトラウマになっていることを見せています。そして、人のいいブルースがこの子をどうやって助けようかと懸命に働き始めるのです。当然ながら、ブルースは最初はこの子が「死人」を見ていると信じなかったものの、ついには本当に見えているのだと気づいてくるのです。ブルースは彼の限界のない知識から、この少年にスピリットに話しかけて何を望んでいるか聞いてみるように勧めます。少年が意識的に彼らをサポートし始めるとすぐに少年の人生も好転してきます。エンティティを助けることで彼も安らぎを得られるのです。最後のシーンでは、ブルースが演じる役も実はエンティティ

だったことが明らかになります。もし少年がエンティティの話を聞こうとしなければ、彼が与えられたようなサポートも逃していたことでしょう。

みなさんそろそろ、わたしがくり返し何を強調したいのか気づいているといいのですが。それらの霊は少しも怖がらなくていいのです。エンティティへのアウェアネスは自分の人生とまわりの人の人生を豊かにしてくれる源となるのです。

五感を超えて感知できる秘めたる力を受け入れ、無限に可能なエナジーの領域に達することができたとしたら？

わたしが相談にのってきた人々のほとんどは2つの質問をしてきます。「わたしにはエンティティが憑いていますか？」そして「彼らは何と言ってますか？」

エンティティがいるかどうかと、何を言っているのか知ることがとても重要らしいのですが、そんなことは氷山の一角に過ぎません。

エンティティのコミュニケーションや、彼らが言っていることを聞く、例えば特定のメッセージをもらうことなどは、心を和ませてくれ重要かもしれませんが、わたしに言わせれば、これもまた可能なことのほんのわずかなことに過ぎません。人はエンティティからのすべてのエナジーを完全に拒否する傾向があります。自分たちが決めたこうあるべきという世界とはマッチしないからです。エンティティとのコミュニケーションを、身体を持った人間との会話のようにできると期待していては、とても多くのことを見逃してしまいます。エンティティとのコミュニケーションには、人と話したり付き合う時のとは全く違う筋肉が必要だといってもいいでしょう。身体を後ろに反らせる筋肉を使って前屈はできません。人と話す時に使っている筋肉ではエンティティとのコミュニケーションをはかることはできないのです。

このことがエンティティと話そうと「試みる」人がイライラする大きな原因なのです。彼らはできないと思うのですが、それは実は耳たぶでバーベルを持ち上げようとするようなものです。手を使っていたらずっとましなのに。

エンティティとのコミュニケーションや交流は、人間とのものよりもはるかに広がり、エナジーに満ちたものなのです。エンティティとのコミュニケーションで、はてしなく広がる空間と自由へと近づけるのはこのためです。スペースが広がるということは、治癒的で癒しへと導かれていきます。こちら側のわたしたちにも、あちら側のエンティティのためにもなることです。エンティティから特定のメッセージではなく、エナジーが送られてくる場合もよくあるのです。

　それはあなたのまわりに風が吹いていて、その風の意味を理解しようとせず、ただ風に当たっているようなものです。

　氷山の大部分を占めているのは、エンティティが提供してくれるものをすべて快く受け入れられるかということです。自然や風が提供してくれるものを受け入れるようなものです。自然はわたしたちに提供するため、理解できるような思考や理論的な考えを持ってはいません。自然がわたしたちに与えてくれるのは、安堵感とスペース感そして癒され感と解放感です。もしわたしたちが受け入れることさえできるのであれば、多くのエンティティも全く同じことを与えてくれるのです。エンティティはわたしたちが現実と思っているものを超えたところを見る機会を与えてくれます。彼らがサイキックの筋肉を鍛える手助けをしてくれるのです。わたしたちの現実に疑問を抱かせ、慣れていない方法で感じさせてくれます。

　エンティティから受け入れることをさせない膨大なブロックの一つが、彼らに対して広く共有されている恐れがあります。わたしに言わせれば、この蔓延しているエンティティへの恐怖は基本的に洗脳です。洗脳という言葉は極端で不愉快なものかもしれませんが、基本的にそこなのです。みんなはエンティティの何が怖いのかよく分からないながらも、ただ怖いのです。

　この洗脳は映画、テレビ、他のメディア、家族、友だちそして宗教などから来ています。エンティティのホラー映画を見てそれを信じるようなら、あなたはサンタクロースや＊イースター・バニー（＊復活祭で卵を運んでくるといわれているウサギ）を信じるというのですか？　わたしの言いたいことが分かりますよね？

第2章 フロンティア

エンティティとの問題はただ一つ、その状況で全体のイメージを固めて想定してしまうというアンコンシャスから来ています。気づきが高まってくるとおのずとエンティティもついてきます。

　もし本気でもっと気づきを高めたいのであれば、エンティティとのコミュニケーションはそれを成し遂げる最高の方法なのです。エンティティとのコミュニケーションも他のエクササイズと同じことです。まだ鍛えていない最初の頃は調子も悪く難しいのですが、続けていくうちに簡単にできるようになってきます。これはその他の健康増進のエクササイズと同様、あなたの人生にとても素晴らしい貢献をもたらしてくれるはずです。

　もし誰か亡くなったとして、その人があなたと何かしら未解決なものがあると感じているとしたら、それを解決しようとやってくることがあります。あなたがそれを無視したり、察することを拒むと、その人は去って逝くことができなくなります。それどころか気づかせようと、何度人生を繰り返してでも、気づいてもらおうと頑張ることでしょう。

　エンティティを察し、受け入れ、コミュニケーションを取り、一緒に在ることは、髪が風にたなびくくらい、また水の中へ飛び込むくらい簡単にできることなのです。努力する必要もないものです。まあ、水の中に飛び込むにはほんの少し努力が必要かもしれませんが、泳ぐことを習ってみれば、思っていたほどのものではなく、やればできてしまうことです。もし、霊界のことがあなたの人生と現実の一部であって、平泳ぎするくらい簡単なことだとしたら？　そして今まで気づいたこともなかったことを人生に加えられるとしたら？

がんを引き起こしたエンティティ
The Entity That Caused Cancer

　クリスティンは、かわいらしい少しぽっちゃりとした42歳の女性で、母親のことでわたしのところに相談に来ました。わたしのことを聞き、興味を持ったらしいのです。1年前に母親は乳がんで亡くなっていて、最近、彼女も同じく乳がんと診断されたのですが、その割にそれほど深刻そうでも、苦しんでいる様子でもありませんでした。

　クリスティンが椅子に腰をかけたその瞬間から、彼女のまわりに母親がいるのをとても強く感じました。クリスティンは母親によく似ていましたが、クリスティンの方がより若くよりハッピーに見えました。

　彼女は母親が自分のまわりにいると思い、そのことを確かめたがっていて、わたしはその通りだと伝えました。母親はクリスティンのまわりにいるだけでなく、必死に自分の娘とコミュニケーションを取ろうとしていたのです。

　エンティティが誰かと話しをしたくても、その人が聞かないか、聞こえない、または聞いていてもそれが分からない時などは、エンティティはさらに気を引こうと、どんどん侵入してくるのです。

　エンティティの侵入は、さまざまな方法で見られます。頭痛、腰痛、咳、かゆみ、さむけ、ストレス、突発的な感情、そして病気などを起こすこともできるのです。このようにありとあらゆるものに現れてきます。

クリスティンの場合は、母親の死因となった病気と同じ乳がんとして現れていました。母親はクリスティンに分かってもらおうと頑張り、ぴったりと近くにいたため、母親の波動がクリスティンに移ってしまったのです。それは音叉を叩いて波動が近くにいる人に共鳴するようなものです。ワンネスのわたしたちは、わたしたちが気づこうが、気づかまいが、他人の思考や感情からエンティティの思考や感情までも察し、分かり、そうなり、受けているのです。お店のレジにできた列で、もし怒っているか悲しんでいる人の次に並んでいると、すぐさま怒り悲しみがたちこめてきて、それは自分の感情なのだと思い込んでしまうのです。それが誰の感情なのかと問いかける前に、自分のものだと思い込むのです。わたしたちはお互いのエナジーに影響を与え、受けているのです。

　この話からエンティティが、身体がないにもかかわらず、どれだけ強い影響力を持っているかということをみなさんに分かってほしいのです。これは科学的にも証明されていることだと言えばもっと説得力があるでしょうか。これらの文章を読みながらでさえ、言葉のエナジーの波動、化学的作用にあなたの身体は反応しています。あなたは、（「あなた」が誰であろうと）自分の身体、他人の身体、座っているソファー、見上げている木、地球そしてユニバース全体に、あなたの思考と感情で影響を与えているのです。もし、あなたが自分は何の力も能力もなく、ちっぽけな者に過ぎないと考え人生を送っていたのであれば、これはちょっとした驚きかもしれないですね。

　もしみんなが創っているもの、影響を与えているものについてコンシャスになれたら、どんな世の中になる？

　あなたが腹を立てていると、あなたの身体だけでなく、地球をも破壊するのです。このことから、ハッピーでないことや怒ることについて、もっとよく考えてもらえるといいのですが。それらの感情には原因があり正当化しようというのも分かりますが、それらは地球を壊してもいいくらい価値のあるものでしょうか？

　裏を返せば、もし誰かをまたは何かを尊び敬い感謝しているなら、それはより強くなり気分も良くなってきます。

その力は誰にでもあるものです。もし気分が良くないとしたら、自分の持っている考えなのか、自分で選んだことなのか、それとも他人の選んだことを拾って身体の中に結晶化しているのかどうかをよく見てください。

　クリスティンはこれをやっていたのです。身体をがんにした母親が持っていたエナジーを彼女はコピーしていました。

　このことをクリスティンに伝えると、この新たな現実がまるで彼女の世界観を崩して行くかのようにあんぐりと口を開けて座っていました。

　それから、彼女が選んできたこのことすべてをどうやって取り消すかを伝えました。

　母親に少し離れて立ってくれと頼んでみるようにと彼女に説明していきました。わたしたちがスピリットに対して聞く耳を持っていないと、聞こえてほしいがためにどんどん近づいてくるのです。耳が聞こえない人に向かって大声を出して叫んでいるようなものです。いくら大声を出そうが、聞こえないのです。ですから、手話や筆談など他の方法を使わなくてはなりません。エンティティが何か伝えたいことがあると分かっていながら、もしエンティティとのコミュニケーションが難しいのなら、それを聞くために何か他の方法を試してみるべきです。耳を使って聞こうとせずに、気づきを使ってください。

　母親のスピリットが、クリスティンの身体から少し離れると、ご想像の通り、すぐにクリスティンは気分が良くなったと感じました。そしてクリスティンには選択が生まれ、それが彼女に大きな力を与えてくれました。

　彼女が創ったそのスペースで、クリスティンはもっとはっきりと母親を感じることができました。母親と一緒にいるという現実があるのだと自分で認めるようになりました。わたしを通して返事をもらうよりも、自ら母親とコミュニケーションを取ってはどうかと勧めました。わたしは＊ウィジャボード(＊日本の「こっくりっさん」のようなもの)や占い師のように使われるのがうっとおしかったのです。わたしは常にみんなに亡くなった人と自らコミュニケーションを取る方法を導き教

えようと試みます。そうすることで、ただの体験だけでなく、ツールが自分のものとして残るのです。クリスティンはすぐに身につけることができました。彼女が想像もできなかったくらい上手く母親を聞き察することができていたのです。

クリスティンに身体に出ている乳がんが、実は母親のものだということを現実的に感じられるかどうか聞いてみました。これは彼女にとって大きく飛躍しているものでしたが、そう、おそらくその通りだと答えてくれました。

わたしがうながしていったことで、クリスティンはどれほど母親が気づいて欲しがっていたか、どれほど重くのしかかっていたのかを、感じ取ることができるようになりました。母親が亡くなってからの彼女はくたくたに疲れきっていたのですから、彼女にとってこれは大きな気づきとなりました。この新たな深い理解は、とても彼女を軽くさせ楽にしたのです。

新たに得た彼女の気づきから、母親にもうやめてという簡単なお願いができました。それにより母親も何をしてきたのか、ようやく気づくことになったのです。信じがたいことですが、自分の娘にどんな影響を与えていたのか自覚がなかったのです。霊であるからといって、わたしたちよりも賢明で気づきが深いことにはなりません。このセッションでクリスティンも母親もどちらも得るものがあったのです。

クリスティンに母親に一緒にいてほしいか、それとも逝ってほしいかと問いました。クリスティンが気づきを持っていたとしても、母親に一緒にいてほしいと望んでいたなら、母親からの影響力も断ち切れません。クリスティンは無意識ながら、母親に去って欲しくないと思っていたことに気づきました。母親にもここを去りたいかどうか聞いてみたところ、去れるかどうかも、どこに向かったらいいかもわからないというのでした。わたしは2人に、母親はどうしても去るべきなのではなく、それは一つの選択であって、お互いが大きく変わりうることであり、もし2人の準備ができれば、それを選ぶことができるのだと説明しました。

わたしが見てきた他のエンティティが向かって逝ったスペースをクリスティンの母親に示してあげました。いわば、光に向かって。どういうわけか彼女は分からなくなっていたのです。

　このセッションでは、終わりを結ぶよりも、新しい可能性を開いて幕を閉じました。クリスティンも母親も驚きと動揺を隠せませんでした。

　数日後、クリスティンから電話をもらい、二人とも一緒に安らぎを得て、母親は逝くことができたと報告してくれました。クリスティンにとっては、母親が去ってしまったことを思うととてもつらいはずです。しかし自分だけのスペースを、また自分だけの身体が持てたことは、彼女には救いとなったのです。

　「彼女の」乳がんの化学療法治療を始める前に、もう一度、医師の検査を受けてみてはどうかと伝えました。彼女は同意したものの、腫瘍が消えている可能性についてはまだ笑い飛ばしていました。

　そして何と、検査に行った彼女は、ジャーン！ 腫瘍が消えていました。嘘ではありませんよ。

　この話の教訓とは、あなたが何か問題を抱えているなら、それは誰のものか問いかけてください。それは自分のものではないかもしれませんから。

スウェーデンのとり憑かれた家
A Haunted House in Sweden

2005年、コンシャスネスとエンティティのワークショップをやるため、オーストラリアのパースにいました。

わたしはオーストラリアでクラスをするのが大好きです。人々はとても気さくでやりやすいのです。オーストラリア人は、のんきで自由気ままなことで知られています。国民的モットーが「心配ない」です。

この代表的な例を、初めてのオーストラリアへの飛行機の中でかいま見ることになりました。その飛行機はエアポケットにあたり、突然6mくらい急激に下降しました。すべてのアメリカ人の乗客は恐怖で悲鳴をあげていましたが、すべてのオーストラリア人は「ヤッホー!」と大きくガッツポーズしていました。わたしは「うわっ、生まれる国を間違えちゃったわ」と思いました。パースは人里を離れるには素晴らしい場所で、世界でも最も孤立している都市です。毎日が日曜日のような感じがする街です。

そこでは多くのオーストラリア人とともにスウェーデン人のカップル、ビルギッタとピーターも参加してくれていました。

ビルギッタは手をあげて、今でも母親が所有し、売却しようとしているスウェーデンの家族の家について質問してきました。とてもいい物件であるにもかかわらず、その家を買いたいという人は誰も現れないため、その理由が彼女には理解できませんでした。

わたしはその家に意識を向けた瞬間、そこに大量に霊がとり憑いているのが分かりました。時折、家や土地が時価よりも低くお買い得であっても売れないのは、霊にとり憑かれているからです。

　道路に面した店舗のお店がころころ変わるようなところに心当たりがありませんか？　そのお店を借りている人が誰であろうとも、閉店に追い込まれてしまうのです。これらの多くの場合は、そこがとり憑かれていて、そのとり憑いているエンティティがそこから賃貸人を追い出してしまうのです。

　ビルギッタの家は世紀の変わり目あたりから家族で住んでいましたが、しばらくは誰も住んでいないということでした。そのクラスで、とり憑かれた家を遠隔でクリアにする方法を習いたいかと聞くと、みんなが強い興味を示しました。わたしはまずその方法を伝え始めたのですが、驚いたことにその家のクリアリングが全くできなかったのです。いつもわたしは、遠隔でのエンティティ・クリアリングが上手くできていたのですが、ここは上手くはいきませんでした。どうしてなのかも見当もつきませんでした。ビルギッタには冗談ぽくこれはそこに行ってクリアにしないと、と話しました。

　それからどうなったかというと、わたしは2週間後、飛行機でデンマークのコペンハーゲンに到着しようとしていました。そして空港のロビーを抜け、きらびやかに並べられている免税品を通り過ぎていたのです。入国管理官にパスポートを渡し、友だちに会いに来たと伝えました。すでに死んでいる友だちもいることは黙っていましたが。わたしはそのまま空港から、デンマークとスウェーデンの海峡を素早く渡る電車に乗り込みました。目を輝かせたビルギッタが、最初に停まった駅に迎えに来てくれていました。わたしたちは車でマルメの郊外の母親の家のある小さな街まで、春の新緑の木々が立ち並ぶ広々とした野原を通り抜けて行きました。

　わたしたちにはその家のエンティティをクリアにするという企てがあったものの、その結果がどうなるかという予想も期待も持たずに、この務めに取り組まなければなりませんでした。その家のエンティティはみんな快く逝くでしょうか？　クリアリングした後の家は売れるでしょうか？　そしてもちろん、わたしと一

緒に過ごすことでビルギッタは望むものを手に入れられるでしょうか？

　いくらビルギッタがその家のエンティティをすべてクリアにしたいと願っても、とてもわたしにはそうなることが保証できませんでした。どんなにわたしたちがその家からエンティティに去って欲しくても、エンティティたちが去りたいとは限りません。例えば、その家を守るんだという義務感を手放せないエンティティに出くわすかもしれません。時々エンティティたちは、約束を守るという義務感を手放そうとはせず、去ることができません。普通なら、十分なコンシャスネスがあれば、何とか丸く収まるものです。

　その家は細い通り沿いにあり、他の家に囲まれて建っていました。他の古い空き家からもれずして、悲しい感じをかもし出し、家自体が淋しがっているようでした。母屋だけでなく、床がコンクリートで上の階に部屋が3つある石造りの納屋もありました。ビルギッタの祖母がハチミツ製造に使っていたものでした。わたしはまずその納屋が気になりました。

　その納屋で誰かが亡くなったということがすぐに分かりました。そこで亡くなった人のスピリットがすでにその納屋にはいないにもかかわらず、そこで起こった死がまざまざと感じられました。納屋がその出来事を覚えていて、まるでわたしの頭の中に届くよう電報を打って知らせようとしているかのようでした。そして「誰かこの納屋の下に埋められてもいる？」と思いました。

　ビルギッタはわたしが怖がるのではないかと心配していたため、その納屋についての話をするのは気が進まない様子でした。彼女が話そうが話すまいが、その前からそこで起こった出来事を察することができていると説明しました。これってありがたいこと？ それとも呪われているようなこと？ わたしにはよくわかりません。

　わたしが感じていたのは血と怒りでした。他の多くの詳しいことは無意識にさえぎっていたと確信しています。わたしはびくつくほど多過ぎず、ちょうどいい情報だけが伝わってくる方法を得ていました。まあ、あまりびくつくことなどはないのですが。ただ、たびたび人の死をみたり、その最中の気持ちを感

じ過ぎるのは、情報としては多過ぎますね。

　どうやら昔、ビルギッタの母と叔母で蜂蜜業を営み、その納屋は生産用に使っていたようです。彼女たちは、大きな設備を蜂蜜製造仲間の村の女性から借りていました。その女性はある日、納屋に現れ、設備を返してほしいとたまりかねた様子で訴えてきました。その設備はとても大きく重いもので、納屋の2階に取り付けてありました。当時、家族の男性は一人も家におらず、ビルギッタの母親は、その設備を下に降ろすため、誰か力持ちが家に帰って来るまで待ってほしいと説得しようとしました。その女性はそれに応じず、3人でそれを降ろすことを要求してきたのです。3人の女性でその大きな重い設備を運ぼうとしていた時、その押しの強い女性は階段から足を滑らせて落ちてしまい、地面のセメントに頭をぶつけて出血死したというのです。彼女のスピリットが逝ってから長い時間がたっていました。つまりその女性のスピリットからではなく、その建物のコンシャスネスがこれらの情報を伝えてきたのです。この出来事でのクリアにするべきエンティティが見当たらないことから、わたしたちは家の中へと移りました。

　わたしたちはホワイエから始め、その左右にはコート掛けのある少しの空間と座ることができるわずかな場所がありました。わたしはビルギッタにエンティティがどこにいるかを見抜き、クリアリングし、去ったことを知るためのツールの使い方を見せていきました。エンティティを見ることができそうなこと、それらをクリアにできそうなことで彼女は興奮していました。わたしは彼女に自分の最初の直感を信じるようにと伝え、そこからやっていったのです。

　ビルギッタはその部屋の左側を指で示し、わたしもそこに存在がまぎれもなく立っているのを確認しました。彼女に簡単なクリアリングの問いかけをするようにと指示すると、フーッ！その存在は逝ってしまいました。この場合には、エンティティと話すことも、他の質問をする必要すらなかったのです。その存在を認めるやいなや、簡単なツールを使っただけで去って逝きました。

　去ったことが感じられたことにとても興奮し、わたしとビルギッタはホワイエにいる次のエンティティに取り掛かりました。そこは狭い場所でしたが、ホワ

第2章 フロンティア　107

イエだけでもいくつかのエンティティをクリアにし、そして家の他の部屋へと移って行きました。

　最初のリビングルームに入りながら、ホワイエにいたものよりもエンティティの存在をはるかに強く感じました。女性の霊の存在がはっきりと分かりました。何かおもしろいことが起こりそうではありましたが、わたしが何か言う前に、まずビルギッタにその部屋の洗い出しをさせることにしました。ビルギッタにどこから始めたいかと聞くと、すかさず一人掛けソファに座っているエンティティを指さしました。そのエンティティは、幼い金髪の女の子で、7つか8つくらいに見えました。1930年代に流行っていた白いミニのワンピースを着ていました。彼女は機嫌が良さそうでいて、また心配事を抱えているようにも見えたのですが、その心配が何かははっきりとは見極められませんでした。

　ビルギッタとわたしはその女の子を単にクリアにしようと始めたのですが、できませんでした。その女の子のスピリットに、この家にいたいのか、それとも去りたいのかどうか聞くと、本当は去りたいのだけれど、それは許されないことだと教えてくれました。このことをビルギッタに話すと「なんて妙なの？」と言いました。そして隣の部屋に連れて行ってくれ、そこには1930年代の小さな女の子の写真がありました。それからビルギッタは引き出しをひっかき回し、その女の子の別の写真を見せてくれました。その家のリビングに置かれた棺の中にいるその女の子の写真でした。その女の子はビルギッタの曽祖父母か祖父母のいとこだったのです。幼くして高熱で亡くなり、その家で葬儀があったのです。家になぜいるのかはこれで納得できたのですが、どうして自由に去ることができないかは分かりませんでした。

　何をやってもこの存在をクリアにできないので、ダイニングに移動しその女の子を後にしました。ビルギッタにその部屋のどこから始めたいか聞くと、隅にある大きなマホガニーの食器棚を真っ先に指さしました。わたしたちはいつものエンティティ・クリアリングの問いかけをしてみましたが、この一つの家具のまわりのエナジーは変わりもしなければ動きもしませんでした。さらにもっと探ると、どうやらポータルではないかと思えました。ビルギッタと話し合い、一緒に「これはポータル？」と問いかけて、お互いに「その通り」を

感じました。

　付記：あなたが今のところ、この本を奇妙でも何ともないと思っているならば、もうすぐですよ。

　ポータルとは、この現実もしくはこの次元を出入りできる玄関または窓口のことです。もし多次元を信じていない人がいるとしたら、科学ですでに立証されているものですから、信じましょう。人間や場所そして物がポータルとなり得ます。『ナルニア国ものがたり』の『ライオンと魔女』に出てくる衣裳だんすのようなものです。

　ポータルを閉ざすことは、普通はごく簡単なことで、そうすることで人々の人生と生活空間に大きな転機を創りだすことができます。ほとんどのポータルはただ閉じてくれるよう頼むだけでいいのです。またポータルを開けたままにしておく用心棒というか管理人のようなエンティティを持つポータルもあります。もし一つかそれ以上多数の用心棒や管理エンティティがいて、そのポータルを開いたままにさせているようなら、そのエンティティまたはその多数のエンティティを消さないと、そのポータルを閉じることはできません。

　その食器棚のポータルを閉じようとしていたこの場合も、閉じなかったのです。すべての点がつながるのには、たいした時間を要しませんでした。他の部屋にいた金髪の女の子のスピリットがこのポータルの管理エンティティでした。わたしはその女の子に、この役目をずっと続けたいのかと聞いたところ「嫌よ」と答えました。とてもよくやってきたね、もう今は逝ってもいいのよ、と彼女に伝えるだけでよかったのです。するとパッといなくなってしまいました。彼女も去ったことでポータルも閉じました。

　面白いことに「枠にとらわれずに」ものを見ようとすれば、ほんの少しの力で大きな変化を創ることができるのです。

　みんなが人生の決まったある部分を変えるために、どれだけ力を注いでいるか考えてみましょう。例えば、人間関係や自分の身体のことやお金のことな

ど、それらは最初からずっとエンティティが原因という時もあるのです。

　ダイニングルームからわたしたちはキッチンに行くと、そこでは四方八方にエナジーが駆け巡っていました。裏庭に出るドアと、食料庫へのドアと、来客や特別行事に使っていた他の広い部屋へ通じる2つのドアがありました。キッチンは家族がほとんどの時間を過ごしていた場所だったのです。家族が活動しているエナジーが、まだそのキッチンにはありました。まるでニューヨークの地下鉄の駅と似たような慌ただしい感じがしました。小柄なお婆さんのエナジーを感じましたが、ビルギッタには言いませんでした。彼女が自らそれを感じ取れるのか見たかったのです。

「この部屋はどこからやりたい？」と聞きました。

　いつくかのエナジーをわたしたちはそれぞれクリアにし、そこからビルギッタは彼女の人生をがらりと変えてしまうようなものを見たのです。ビルギッタはそれまでエンティティを見ている自覚はいっさいありませんでした。これは、ほとんどの人に当てはまります。亡くなった家族や親しい人をかいま見るという一度や二度の現象を除いて、エンティティに対してのドアを恐怖心や不信からパタンと閉めてしまうのです。

　ビルギッタはそこに棒立ちで、開いた口がふさがらず、目が点になっていました。

　すごいと言わんばかりにわたしを見て、大叔母が見えたと知らせてきたのです。

「彼女はいつも家族行事の料理を全部やっていたの。まさにそうだわ！今パントリーから料理用のコンロに歩いてるわ！」

　ビルギッタはショックを隠せないようで、自分で見たものが本当のことなのか確認しようとわたしを見つめていました。彼女が自分の目で霊をみているということに、わたしはそれができるだけ変なことではなく理屈が通るように

させてあげることしかできませんでした。わたしにとっては日常ありふれたことで、いちいち気にしていなくても、そういうものを見ることは普通の人には衝撃的なのです。わたしたちは前に進んでいて、ビルギッタの気づきと感受性は、目覚め広がっていました。彼女はこれを求めていたのですから、求め「与え」られたのです。

あまりにもはっきりと大叔母に気づくことができたので彼女はひどく驚いていました。ビルギッタの気づきをさらに広げる機会だとわたしには思えて、話してみるように勧めました。

エンティティは自分が死んだことを知っているとは限らないし、何をしているか分かっていないこともあるとビルギッタに説明しました。

わたしはよくエンティティにもう死んでいるという事実と、他の選択もあるということを忠告することがあると伝えました。

そこでビルギッタがした最初の質問は「もう死んだこと知ってる?」でした。

大叔母は「あら、もちろんよ!」と答えました。

そしてわたしたちは「じゃあ、どうしてまだここにいるの?」と聞きました。

「料理してるのよ」

「誰のため?」

この質問で、大叔母のスペースに少し規制音が響きました。彼女は自分にこの問いをすることもなければ、料理をつくる相手がいないことにすら気づいていなかったのです。こういったことは、特定の活動に自分を重ね合わせているような人によくあることです。他の選択があることに気づかないようで、死後ひたすら同じことをやり続けるのです。これよりもっと奇妙なことが?

人は死後、生きていた時よりも何かすごい存在になると信じられているのはおかしなものです。これは本当のことではありません。しばしばビーイングたちは状況が変わったことに気がづかないまま、死後も同じ役割を果たすことをずっと続けていることがあります。

　ビルギッタとわたしは、去っていくよう誘う波動になり、大叔母はついにそうすることを決めたのでした。エンティティのために波動になることは、会話をすることとは異なります。身体のある人間と話す方が時間がかかるものです。エンティティはとても速いコミュニケーションを取るのです。わたしたちがしているような順序だった会話ではなく、一度の素早いダウンロードでコミュニケーションができます。これは彼らがわたしたちとは別の時間と空間にいるためです。考え終わる前に彼らは答えてきます。とても長い考えでもエンティティとは瞬く間に伝わり、言葉を選ぶ時間を取られる必要もありません。ですから、わたしたちはビルギッタの大叔母に言葉を使わず、他の可能性を含めた波動で去るよう誘いました。

　このようなやり方でエンティティとコミュニケーションする方がはるかに簡単です。普通の会話でゆっくりやろうとすると多くのこと逃してしまうかもしれません。

　エンティティとは順序だてのないように感じるテレパシーを使わなければなりません。エンティティは画像や感覚をすべて一度に与えてくれます。一度に全部ダウンロードしてくるので、解読しないといけないのです。「マトリックス」という映画を見ていたら、ダウンロードとは何かよく分かるはずです。突如として情報があふれてくるのです。不意にエナジーが身体を巡りあふれ、揺さぶられたり震えたりしたことはありませんか？　それがダウンロードのようなものです。それはあっという間にやってきます。わたしは流れをゆっくりにしてとらえるということをエンティティたちと学んできました。こうすることで情報のリレーができるのです。これを行う際にはとても注意深く気を付けていなくてはなりません。彼らのコミュニケーションは、非常に微細な時もあれば、詳細のはっきりとした強力な時もあるのです。

エンティティからのメッセージをきちんと受けるためには、何よりもまず自分自身を信頼しなければなりません。自分の妄想でも幻想でもないと信じることがこの大部分を占めます。

　そこのキッチンで満足できた後、ビルギッタとわたしは他の部屋へ移り、大勢のエンティティをクリアにしました。終わりにさしかかった頃、それまでの過密していた家から一転し創り出せたスペースと軽さに、わたしたちの頭はクラクラしていました。納屋のエンティティを確認しに戻った時には、そこにいたすべてのエンティティが消えているのが分かりました。あまりにたくさんのエンティティをクリアにしたことで、その家に大きな動きとエナジーを創り出し、同時に納屋のビーイングも去ったのです。

　家のクリアリングは簡単にいくこともあれば、大変な時もありますが、いつも何かを学ぶ経験となります。どんな状況でも他に類をみない異常さに驚かされます。たった一つの方法でどんなエンティティをもクリアにできるというものはありません。少なくともわたしはそれをまだ見つけていません。そして、この世にはとても不思議なものがあり、エンティティがいなければそれらを見ることもなかったでしょう。魔術がまがいものだという人は、誰であれ脳たりんですね。

不気味な夜に妹を助ける
Helping My Sister on a Spooky Night

　わたしたち家族の中では、妹のグレースをふざけて「*マリリン・マンスター（*アメリカであったテレビ連続コメディドラマ「ザ・マンスターズ」のキャラクター。怪物一家の中でマリリンだけは外見が普通の人間）」と呼んでいました。グレースだけが普通で、家族のみんなが異常だったので面白がっていたのです。彼女は優しくて品がよく素敵な人です。家族のみんなは髪が黒いのに、彼女だけが金髪で生まれて来ました。彼女はわたしたち4人兄妹の末っ子で、いつもわたしたちのみんなを結び付けてくれる存在でした。

　グレースは普通でない霊やコンシャスネスといった奇妙なものを信じていながら、とても「普通」の人に見える、ということが出来たのです。それをずっと信じていても、そのことをわざわざ話すことはありませんでした。ユニバースで起こる奇怪なものを積極的に話す兄姉や両親に任せていたのです。常識的とは言えない話題が話に出ているような時も、グレースはみんなの個々の気づきと判断に任せ、にっこり微笑んでいることを好んでいました。

　ところがグレースにも、姉が関わっているような奇妙なことを避けられず、しっかり向き合わなければいけない時がやってきました。

　ある夏の日、夜中の2時に、サンフランシスコにいたわたしは、サンタバーバラのグレースからのメールで目を覚ましました。

　「シャノン、いつ帰って来るの？」と彼女は聞いてきました。「この家に一人

で眠るのが怖いの」ギャリーも出掛けていて、その家はサンタバーバラの古いスペイン宣教伝道所が近くにあり、自分の経験からスピリットたちがとても活発なことを知っていました。

1786年に伝道所を建てた大勢のネイティブアメリカンとスペイン人が、その家のすぐ隣の敷地に埋葬されています。

なおかつ、ギャリーはスピリットと共存することに何の見解も持っていないので、彼らを引き寄せていたようです。

何年か前、わたしはその家に泊まり、感じた霊の数々に圧倒されたものです。部屋に入って来るエンティティの流れが途切れなくあり、ベッドの横に立って話が止まらない強烈な男性の存在までもありました。次の朝、わたしはギャリーに「この家でよく眠れるわね？ エンティティだらけじゃない！」と言ったものです。

「何が言いたいんだ？」とギャリー。

「気にならないの？」

「いいや。特に重要視してないからね」

これはわたしにとって全く新しいものの見方でした。

グレースから眠れないと聞いた時、わたしには彼女が何を感じているのかよく分かりました。それは彼女の錯覚ではないのです。次日の朝、その夜の出来事を聞き、何か役に立つことができればと彼女に電話してみました。グレースは恐怖と寝汗で目を覚ましたと言っていました。誰にも電話がつながらず、一人で朝の6時までテレビをつけて起きていたというのです。明るくなってきてようやく眠ることができたそうです。

わたしはその経験がエンティティと関わることなのかどうか彼女に聞くことから始めました。もちろんわたしはそうだと知っていて、彼女も知っているの

ですが、そう聞いて本人が口に出すことで彼女自身がしっかりと認めることになるのです。それらの対処法を知りたいかと聞いてみました。

　彼女は「うん」と答えはしたものの、それが本心かは定かではないものの、そのような夜の後には仕方がないと思ったのでしょう。わたしもこれは妹にエンティティとの付き合い方を教えるいい機会だと思ったのです。

　わたしはグレースに座ってエナジーに同調してみるようにと頼みました。そうすることがスピリットにオッケーと言っていることになり、エナジーの流れが自由になります。同調するということは、海や山で波動を感じるようなものです。その空間に身を任せ浸ります。言葉を使わず波動を感じ、ただその瞬間に在るというのはいいスタートとなります。

「オッケー、さて、何を感じる？」

「クラクラするわ」

「いいわね。続けてやってみて、ただこの瞬間に在るの」

　めまいのような感じは、彼女がエンティティに対してのバリアを下げたことから来ていました。クラクラしながらその瞬間に在ることで、彼女が夜の間に抵抗し続けていたものに対するバリアを下げていくことになります。わたしたちは基本的に気づきが入ってくるための扉を開いていたのです。

　ほとんどの人と同じように彼女は、エンティティが現れたとたん意識的か、または無意識的にとても厚いバリアを張ってしまったのです。めまいは、バリアが外され彼女のスペースが広がったためでした。気づきが広がっていくことでもまた、クラクラし、めまいのような感じがするのです。ほとんどの人はこれを悪いことだと考えてしまいますが、悪いことではありません。

　彼女にエンティティから感じるものに同調してもらった際に、それらは言葉や画像といった形で伝わってはきませんでした。頭がクラクラするような形で

伝わってきたのです。このクラクラした感覚というか、この気づきこそが、グレースとエンティティのコミュニケーションだったのです。

　わたしが人やエンティティに対しやっていることの多くは言葉を使わないものです。ただ特定のエナジーを見るだけか、特定のエンティティに気づくだけで変わり始めるのです。このためにはそこに関わるすべてを巻き込むことが必要で、とても微細な事柄にも気づき認めようとしなければなりません。
　まずその瞬間に在るものと存在することで、そこからどう進めていくかを見ることができるのです。

　最初にいくつかの質問を彼女にすることで、スピリットが持っていたエナジーがわたしたちを導いて行ってくれるのです。

　ほとんどの人にとってエナジーの揺らぎとはとても微細なもので、見逃されてしまうものですが、練習を重ねることでエナジーのリズムや流れに鋭い感受性を養うことができるのです。この感受性によって、特にエンティティとのテレパシーそして霊的コミュニケーションが分かり受けやすくなります。

　「いいじゃない！」わたしは彼女に言いました。「あなたの初めてのエンティティとのコミュニケーションね。言葉とか頭を使ったわけじゃないけど、エナジーのコミュニケーションなのよ」

　「それだけでいいの？」と聞いてきました。

　「そう」

　「すごい、思ったより簡単ね」

　この時のグレースは、スピリットとのコミュニケーションに言葉を使っていないばかりか、心も働かせていませんでした。

　わたしが見てきたところ、身体のあるビーイングと身体のないビーイングの

第2章 フロンティア　117

コミュニケーションは 10% くらいが言語を用いたもので、90% くらいが言語を使わないものです。

　エンティティとコミュニケーションができないのは、彼らを「聞いたり」「見たり」できないからだと誰もが考えているようです。この考え方は感受性を鈍らせ、現れて来るものに制限をかけてしまいます。エナジーを感じ、現れて来るものに気づきを持って、理性を働かせようとせず、意味を難しく考えずにいれば、エンティティとのコミュニケーションを理解するのはとてもたやすいことになります。

　「対処しないといけないエンティティはあとどれくらいいるの?」わたしはそう妹に聞きました

　彼女が返事をためらっているのを感じ「こんなことはありえないとか、できるわけがないというものの見方をすべて壊して無くしてくれる?」と聞きました。

　「はい」と彼女。

　「対処しないといけないエンティティはあとどれくらいいるの?」もう一度わたしは聞いてみました。

　「いっぱい!」

　「彼らはあなたと話したいの? それとも誰か他の人と話したがっている?」

　「他の人」

　「彼らがコミュニケーションを取りたい相手が、あなたでなくても、彼らはあなたが聞くことができるって知ってるの。だからあたなのところに来たのよ。彼らの情報を受け入れると、エナジーとして知らせるか、ダウンロードするの。受けたメッセージを理解しようとして聞こうとしなくていいのよ。ただエナジーを感じるの」とわたしは言いました。

「そのメッセージがあなたのそばを歩いてきたり、車で道路を運転して向かってきたり、握手をしたり、適度な距離ですれ違ったりする人のためだったら、あなたからその人にエナジーのコミュニケーションが流れ出すの。こうしてわたしたちがエナジーの交換や動きの経路になるのよ」

このやり方で方程式がぐっと簡単になるのです。グレースも簡単に対処できると知り、ほっとしたようでした。彼女はエンティティが言っていることを解釈しなければならないと思っていたのです。これもエンティティとコミュニケーションを取る一つの方法ですが、すべてのことに当てはまるようにこれが唯一の方法ではありません。

彼女の頭の中で、これは人生を変えてしまうようなことだと言うのが聞こえてきそうでした。もう少し効果的なことを思いつき「一度に彼らの何人かとグループで話せる?」と聞いてみました。

「できそう」

「何人とやれそう?」と続けて聞きました。「10人以上? 10人以下?」

「5人か6人くらい」と彼女は答えました。

「すごいわね、じゃあ5人でやってみよう」

わたしはもう一度彼女にエナジーと同調して、一度に5人のエンティティから情報をダウンロードするようにと伝えました。ダウンロードとは、頭を空っぽにし、エナジーとしての情報を受け入れられるようになった時に始まるもので、少し身体が震えたり、強く揺れるような振動を感じるかもしれないと彼女に説明しました。

グレースはエンティティからの情報を受け始め、一つダウンロードが終わるごとに一人づつ去っていくのを最後の5人目が終わるまで、わたしたちは感じていました。この作業は開始から終わりまで数分しかかかっていません。

わたしたちは別のいくつかのグループにも取り掛かりました。それぞれのグループがクリアになり、彼らが去っていく時にはヒューヒューいうようなエナジーを感じました。次のグループも、同じようにあっという間に簡単にクリアにできました。かなり多くのエンティティがグレースに集まって来ていたのです。それは彼女が他の人とは違い、彼らのために対応してくれると知っていたからです。グレース自身が完全にそれを理解していなかったにも関わらず、彼女が彼らに手助けできることを知っていたのです。

　それからわたしたち2人は、何か分厚いものにぶち当たった感じがしました。ずっと落ち着いてこなしていたグレースもパニックを起こし始め、そう言ってきました。よくのぞき込んでみると、グレースに用があって来ているビーイングがいるのが「見え」ました。彼女に何か言いたいことがあるエンティティに出くわしていたのです。

　「彼が何を言っているのか聞いてみて」とわたしは言いました。

　わたしは探偵のごとく、このエンティティがどうしたいのかはっきりさせたかったのです。「彼は身体を持ちたいの？ それとも他の何か？」と聞きました。

　グレースは「身体がほしいって」と答えました。

　その瞬間、彼女はお腹の痛みを訴え、彼はグレースの子供になりたいという画像をわたしたちに送ってきました。

　「彼はあなたの子供になりたがっているの？」

　「そう」

　「あなたは子供がほしいの？」わたしはあからさまに彼女に聞いてみました。

　「ううん、全然欲しくない」

「妊娠していないし、近い将来も妊娠するつもりもないって伝えて。身体が必要だったら、誰かあなたのために身体を創ってくれる人のところに行ってって」

このエンティティの意志にはこれだけでは何の効果もなさそうでした。これはグレースが無意識に自分で創った関係から来ているということを示していました。おそらくグレースがいずれかの過去生において、このビーイングと「ずっといつまでもあなたの面倒をみるわ」とか「ずっといつまでもあなたを愛し続けるわ」とか「ずっといつまでもあなたの支えになるわ」というようなくだりを誓ったか約束したのでしょう。

わたしは年中このようなケースに出くわします。多くの人は、過去の人生で結んだ誓いのために、その人のまわりでエンティティがうろついているのです。結婚式では「死が二人を分かつまで」と言いますよね。ところが無限の存在のあなたが死ぬことなどあるのでしょうか？ わたしたちだって、何かを誓ったためにエンティティとして別の次元で、誰かのまわりをうろついたり、とり憑いていたりするかもしれませんよ。

このエンティティはグレースが面倒を見ると言ったため、彼はそこでそうしてもらうのを待っていたのです。ただ問題は、グレースがこの義務を果たすことを完全に忘れきっていて、今世では約束を果たす気もなかったということです。

「あなたがこのビーイングと誓い合ったこと、約束、結んだ契約とかそういったものすべてぶち壊してくれる？」

結んだ誓いや固めた決断は、ほどいて無効にしてしまえばいいのです。これくらい簡単なことなのです。

「はい！」

それでもエナジーは変わらなかったのです！

第2章 フロンティア　121

わたしはこのエンティティにも彼が誓ったことを壊して無かったことにしてくれるかどうか聞いてみました。

「はい」
そう彼が答えたのが、わたしの気づきの中でかすかに感じられました。

エナジーが軽くなり、これにより変化があったと示していましたが、それでもなお、彼は去っていませんでした。

わたしはグレースに「真実よ、あなたはこのエンティティが去ってもかまわない?」と聞きました。

この質問でグレースもわたしも、このビーイングは彼女の一部となっていて手放せないことに気づかされました。このビーイングとグレースはとても長い間を一緒に過ごして来て、彼女は彼を引き離した自分というものが分からなくなっていたことにも、わたしたちは気づいたのです。グレースは彼と一緒でない人生を想像することもできないくらいでしたが、この旧友に別れを告げ、彼を解放したのです。

彼が去ると、わたしもグレースもはかり知れない軽さを感じました。

「なんだかちょっと悲しいわ」とグレース。

「そうね、このエンティティとあなたはかなり長いこと一体化していたし、それが逝ってしまったんだから」

もしあなたが望むなら彼は戻って来てくれるかもしれないと伝えると「まさか!」と即答していました。

この会話の後、グレースの人生は変わって行きました。洋服のサイズが合わなくなり、2つ小さいサイズになり、気にしたことはなかったけれど、ときどきあった耳鳴りが全くなくなったそうです。

そこにあった信じられないようなことにしっかり向かい合ったことで、簡単に人生に変容をもたらすことができたのです。

わたしはこのようなシフトと変容は、それを望む人なら誰にでもできることだと強く思っています。ただ必要なのは、わたしたちが怖いと思っているものや、全く本当にはありそうもないことにしっかりと向き合う勇気を持つことだけです。

衛兵の交代
Changing of the Guard

　オーストラリア西部のギッジガナップというところで、二人の女友だちと一緒に乗馬を満喫していました。ギャリーがファシリテートしていたアクセスのクラスに参加するためパースを訪れていて、パースから44キロの郊外に牧場を持っている仲のいい友だちのところへ寄ってみることにしたのです。クラスが終わった後、彼女が馬を乗りに来たら、と誘ってくれたのでした。

　素晴らしくよく晴れた日に、二人の女友だちと車でギッジガナップに向かい、果てしなく続く乾いた土の丘や、くすんだ緑色のユーカリの林を抜けて行きました。馬の持ち主であるこの友だちは、背が高く金髪のたくましいオーストラリア人で、約5000坪の土地で彼氏と12頭の馬と一緒に暮らしていました。彼女は順番にすべての馬、そして彼を紹介してくれました。リンカーンという名前の美しいオランダ温血種の馬にわたしは乗ることになりました。リンカーンは栗色で美しく大きな馬でとてもいいマナーをしていました。この牧場で一番大きな馬でしたが、友だち曰く、一番心優しい馬でもありました。もう一人の友だちはニュージーランド出身で何年も前からの知り合いでした。毎年会い、お互い国に帰る前に一緒に何日か過ごし楽しんでいたのです。

　この日はとても暑く、わたしはショートパンツにビーチサンダルという、とても乗馬向きとは言えない格好をしていました。友だちが乗馬用の足につける革ズボン、チャプスを貸してくれました。チャプスを装着し、靴も借してもらったのです。かなりいい感じですよね。鞍に手を回し、リンカーンに乗りあげました。

馬たちと馴染むため、そこの牧場のいくつかの柵で囲まれた広い牧草地を乗り回すことにしました。わたしたちはゆっくりと散策し、自分たちの人生についておしゃべりしたり、わけもなく笑い合ったり、生きていることに幸せを感じていました。時間は流れ、太陽は空高く移動していました。わたしたちはこの上ない幸せに浸りきっていました。

　わたしたちは馬で速歩（はやあし）をしたらどんな感じかやってみることにしました。それまでわたしたちは何百回も速歩をしたことがありました。これが、気がつくと大の字で泥まみれになり、広々とした青く雲一つない空が目に入ってきたその前の最後の記憶です。

　何が起こったのか覚えている感覚がありませんでした。ただ感じたのは頭がズキズキいっているだけでした。ズキズキと思っただけなのかもしれませんが、通常の考え方や感じ方ができなかったのです。これは強い衝撃を受けて意識を失ったことがないと分からないでしょう。

　この現実にいるという感覚もまるで無く、現実への帰り道は突如として苦痛を伴い、エクスタシーという表現でしか表せないものでした。友だちがわたしの頭の横に座って泣いていたので、とても取り乱しているのが分かりました。わたしが死んでしまったか、死にそうだと思い不安だったと後から聞きました。空間をさまよっていたわたしを、身体に戻って来させたのは彼女の強い願いだったことは間違いありません。正常な状態にすっかり戻った数週間後に、思い出したのは身体を抜け出したビーイングが自分の前にある２つの道を見ていました。一つはここへ戻る道、そしてもう一つは…？

　友だちの強烈な思いがわたしには痛いのだと気づき、みんなに落ち着いてくれるよう頼みました。まさに彼らの不安がわたしの頭を殴り叩いているような感じでした。わたしが人生の座標を再計算する中、友人たちはできるだけ落着きを見せてくれ、しばらくの間その牧草地で３人ともずっと座っていました。

　わたしは後に、意識が戻ってくる際どんな様子だったか聞きました。２人ともとても怖かったと言うのです。「わたしはどこに住んでいるの？」と同じ質問

を何度も何度も、20回以上わたしが聞いていたそうです。彼らは、わたしがカルフォルニアに住んでいて今はアクセスのクラスでオーストラリアに来ていると繰り返し答えました。そしてわたしは「アクセスって何？」と聞いていたそうです。記憶喪失とは摩訶不思議なものですね。

わたしたちを囲むユーカリの木々を見て「なんて変わった木、ここは何て変わったところなの」と思った覚えがあります。

うまく行かないことがある時に使えるツールを持っていることは分かっていたのですが、それらが何か、何に、何のためにかさえ思い出せませんでした。この時点で、友だちの彼氏も牧草地のわたしたちのところに来ていました。そして馬が一緒だったことを思い出しました。馬はどこに行ったのかと聞きました。彼がもう小屋に戻したと答えてくれ、そのことからひとしきり意識が無かったことが見て取れました。彼も一緒にしゃがみ込み、わたしを見てクスっと笑いました。それでかなり気持ちが明るく軽くなりました。彼はとても落ち着いていて遠くを見つめるように軽く、わたしを炭坑作業員みたいだなと言いました。顔の右半分の全体が泥まみれで、それを自分では感じず気づいてもいなかったのです。鼻の奥まで泥が入っていて、後でシャワーで落とすのに10分くらいかかった程でした。わたしたちは一斉に笑い出し、わたしにはその笑いが涙となって行きました。それは悲しみの涙ではなく、自分の中の深いところが変わった時、そして大きな馬からまさに頭から落ちたため泣けてくるような涙だったのです。

この体験がどれほど深淵だったかを他の人が想像できるように表現するのはとても難しいことです。まるで生まれたばかりの子供が幻覚を見ているような感じでした。意識がだんだんとはっきりしてくると、友だちの感じているものが強烈に伝わってきたのです。それは激しさのあまり耐えられないほどでした。どうしてそれまでは感じずにいられたの？そんなに気づいていなかったの？

わたしは彼女の気持ちで焼きつくされてるようでした。それは堪え難い周波数が鳴り響いているようなものだったのです。ただ入ってくる情報を遮断でき

ればよかったのですが、このような気づきをそれまで遮断するのに使っていたものも消えてなくなっていたのです。とても悲しそうに見えるこの金髪の友だちを見るのが耐えられず、彼女を見ていると死にそうな気がしたくらいです。もちろん彼女はわたしを心配してくれていて、それらの思いは明らかだったのですが、わたしがケガをしたこと、それによって彼女が動揺していることの2つをわたしは結び付けることができなかったのです。彼女の動揺でわたしは顔を殴られているように感じました。そこには彼女が今まで感じたすべてがあり、耐えがたいほどの鮮明さでわたしの前に現れていたのです。

　そして同時にこれらの凄まじい苦の中、今まで感じたことのないようなとても深い安堵感を体験していました。正しいショックが与えられた脳の才能には驚かされます。

　どれほど多くのことをいつも気にせず過ごしているかということを知り愕然としました。この出来事の後、完全に回復してから気づいたことは、あの時のわたしの感じ方は、生まれたばかりの赤ちゃんが世の中を察知している方法と同じなのだと気づきました。まったく無防備でみんなの頭の中にあるものを受容できていました。

　生まれたばかりの新しい世界では、土の中にいるアリがまるでわたしの存在の分子ひとつ一つにも影響を与えているように感じ、青く広がる空がわたしの胸を開き、人生で抑えてきた感情や自己批判してきたことなど、それらすべてをわたしの心から解放しようとしているように感じました。

　その人の気持ちに飲み込まれてしまいそうで恐ろしく、ほんの一瞬しか誰とも目を合わせることが出来ませんでした。わたしはまとまった考えやきちんとした文章にすることもできませんでした。

　彼らにどうしたいかと聞かれても、ただそこで泥まみれで横になってはい回り、木に抱きつき、さらに泣くことしかできませんでした。

　正気に戻りつつあり、わたしたちはなぜここにいるのかと友だちに聞いて

いました。なぜ馬の牧場にいるのではなく、なぜこの現実でこの星にいるのかということでした。どうしてわたしたちはこのような苦痛を選ぶのかが理解できなかったのです。地球のとめどない力と安らぎを感じるとともに、人類という滅びゆくものの恐怖と悲惨さと不安もまた同時に感じていました。そこから人々がどのように狂っていくのかが見て取れました。地球はどのようにしてわたしたちを生き延びさせて来れたの？ ここでどうやってわたしは生きていくの？ そしてわたしの目を引いたのは、牧草地の向こう側で木の幹をかけ登る一匹のリスでした。その小さな生き物の純粋な喜びに感嘆し、その喜びに涙がこぼれて来たのです。

それまで経験したこともない最高のドラッグ体験のようで、人生で最悪のところと最高のところを行き来しているようでした。馴染みのある現実から完全に抜け出し、ウサギの穴から不思議の国へと迷い込んでしまったようでした。一つのエナジーや自分のまわりの動きに注目すると、その中にすっぽりと入り込んでしまい、その存在のどんな様相もが見えるような感じでした。どんなものとも隔たりがない、すべてのものからエナジーの振動を感じる——それともこれはわたしの幻覚？

戻らなければという理性が戻りたくないという衝動と戦いながら、ゆっくりと自分の感覚をとり戻し、シャワーを浴びるように勧められ、車に乗り込みました。

この時の感覚は、知的障害者のようではないかと何度か考えました。このままでもずっと構わないとさえ思っていました。今までであれほど自由を感じたことはありませんでした。まともに見えないし振る舞えないという代償を払わされているようでしたが。

わたしの身体の表面には一つのすり傷もなければアザになっているところもありませんでした。

わたしはオーストラリアの東海岸へ向かう5時間の飛行機に乗るスケジュールがあり、その前の2日間で回復しなければなりませんでした。その間は、

脳しんとうによる昏睡状態でベッドから出られませんでした。

　ゆっくりと世界がはっきりしてきたのですが、何もかもが違って見えたのです！！！　何がどう違うとは言えないのですが、ただ違ったのです。いつ何を食べたいのかということが分からなくなっていました。まるで初めてのことのように、どちらの手で書いていたのか悩んでしまいました。この数日は、身体がわたしの世話をしてくれていました。たとえわたしがすべての分別がつかなくなっていたにも関わらず、身体は何をすべきか知っていたのです。

　奇跡的に回復したわたしは、無事ブリスベン行きの飛行機に乗り、フライトに耐えることもできたのです。

　一つ気づいていたことは、激しい首の痛みでした。そこで友人のドクター・デーン・ヒアに首の調整をしてくれるよう頼んでみました。デーンは家族ぐるみのいい友だちであり、また彼は素晴らしい人です。彼はネットワーク・カイロプラクターとしてアクセスにやって来ました。身体を調整し癒せるだけでなく、ビーイングをも調整し癒すことができ、そして人生に関しても同様です。彼は奇跡を起こす人だと何百人もの人が証言していて、このような彼と親しい友だちでいられるなんて、わたしは幸運だと思います。気分が良くなるのを楽しみにしながら、わたしは施術台の上に身体を横たえました。

　デーンは身体に手を当てず、わたしを見つめて首をかしげてそこに立っていました。彼はわたしの首に手を伸ばし、また引っ込め、自分の顎をなでながら考えている様子でした。

　デーンが困惑しているのは明らかでしたが、彼が何をみているかは分かりませんでした。

　どうなっているのかとお互い同時に口を開きました。

　デーンが先に答えました。

第2章 フロンティア　129

「うーん、君は変わった?」

「もちろん」と思ったのですが、それがどういう意味なのか彼に聞きました。そして衝撃的なことを告げてきたのです。

「いやー、本当に変わったように見える、というか全然違うんだ。まるで誰か新しい人みたいなんだよ。君は新しいビーイングなの?」

これは比喩的に聞いているのだと思い、そうだと答えました。たしかに新しい人になったような感じがしていました。

ところがそれは、わたしがまさに新しい人なのかという意味でした。かつてのわたしだったビーイングは去り、わたしはこの身体の新たな占有者? 憶測と疑念の層をくぐり心に浸透していき、不意にすべてが腑に落ちてきました。身体が何を求めているのかや、歯を磨くことなどちょっとしたことも分からなかったのが納得できました。確かに身体はわたしが必要なことをほとんど覚えていました。ただわたしが初めてこの身体に慣れ親しまなければならなかったのです。まさにこの大きな変わった身体に新たに生まれてきたような感じだったのです。

デーンが聞いてきたことは、あまりにも信じがたく耳を疑うようでしたが、どんぴしゃりな感がありました。このことがすべて心に染み込んでくるとすぐに、シャノン1号(彼女をそう呼ぶことにします)が、わたしが横たわっている施術台のすぐ隣に立っているのを感じました。彼女はわたしをのぞき込んでいて、去っていく許可を求めていました。デーンもわたしも涙があふれてきました。この本に書いてあることは普通でなく奇妙なことばかりですが、この話はそれらよりもさらにもっと奇妙なことでしょう。

もし自分でこれを経験しておらず、コンシャスネスに非常に大きなシフトがもたらされていなければ、このような体験談をする人を精神病患者のようだと思ったことでしょう。

この身体にこれまでいたビーイングが隣に立っているのが分かりました。彼女はわたしではないと、違いが感じられました。彼女は悲しそうでしたが、解放されようとしていました。

　彼女はこの身体が14歳の頃からわたしを待っていたけれど、今この時までどうにもならない状況だったと教えてくれました。そして彼女の母親のことをよろしく頼むと言ったのです。これには深い感銘を受けましたが、また奇妙な感じがしました。母はわたしの母ではないの？

　とてつもない重さがわたしからさらにもう一度、放たれたような感じでした。ふいにあらゆるものがきらめき、たやすいかのように、すべてが軽くクリアになりました。

　感謝と変容への涙を抑えることはできませんでした。シャノン1号に逝ってもいいということと、自分で身体を操っていく準備ができたことを伝えました。彼女は西部オーストラリアのギッジガナップの土の上で意識を取り戻してからずっと、この会話をしようとしていたのですが、わたしは気づいておらず、何が起こっているのかも分かっていませんでした。見逃しているものを見るためには変わった魔力を持つ友だちが役に立ちます。

　シャノン1号がその部屋を去ったとたん、わたしの中で光がともされました。自分の中のどこか深いところで、決して逃げられず覆っていた暗い雲がついに晴れたようなものでした。

　この落馬から数週間後、わたしのまわりのみんなが、より軽く明るく優しいシャノンになったことに気づいていました。シャノン1号は悪魔のようなものに苦しめられていました。彼女は小さいころの様々な理由と10代でのドラッグ使用により悪魔を招いてしまったのです。彼女はそこでわたしのために耐えてくれていたようなものです。そこでこの世の中で育っていく時にある狂気さや残酷さを彼女がすべて引き受け対応してくれていたのです。彼女が去り、悪魔も去って行きました。そして残ったのはわたし、より多くの可能性にオープンな存在でした。

馬から落ちたことは、わたしのこれまでの人生で最も変容を遂げた経験となりました。普通は変わらない性格や性質の多くの部分がなくなっていました。わたしの人生というか以前の占有者の人生で抱えていた大きな問題は対処され、並ではない安堵感を得ていました。変わらなければいけないすべての人が、頭を打つ怪我をすれば、意識が戻った時には変わっているはずだと、この事故の後でわたしはギャリーに冗談を言ったものです。

　ギャリーは笑って言いました。「人生で知るべきことはすべて馬の背の上で学ぶことができるのさ」または、わたしの場合は馬の背から落ちて！

Part Three

第3章

「高校では代数を勉強するのに
サイキック・エナジー学や
エンティティ・コミュニケーションIは習わない」

～シャノン・オハラ～

2008年オーストラリアでの
トーク・トゥ・ザ・エンティティ・クラス
の記録

Transcript from Talk to the Entities Class, Australia 2008

シャノン: このクラスはエンティティとの自分の能力にみんなが気づくことができるようファシリテートしていきます。もしその能力を持ちたいと思えるなら、エンティティはとても価値のあるものとなることができます。あなたが今まで考えもしなかったような可能性があるということに気づいてください。

みなさんどんどん質問してください。それらの質問でこのクラスは導かれて行きます。あなたが気づきを持って深い秘められた力に一歩踏み込んでみたいなら、本当に楽しめるでしょう。

はっきりと、これだとは定義付けられないエンティティの活動の幅広さによって、わたしの察知力は引き伸ばされました。それはこの現実とは大きく異なります。時間の流れに左右されることも順序立てされることもなく、一つひとつのエンティティ、つまりエナジーそれぞれが似ても似つかないものなのです。個々のエンティティの話も磁力の跡形もそれぞれがユニークで、それは常に違ったものなのです。

エンティティは自動操縦のようには扱えません。直線的な規則もなく、いつも決まった手段というものはエンティティには通用しません。それぞれいつも違っているものなので、見えるべきものを考えようとするよりも、ただそれを

そのままを見れる能力と、また見ようとすることで、いい感じの扉を開くとこができます。

では、エンティティって何なのでしょう？ エンティティとはある人格、時間、場所に留まっているエナジーです。みんなが「わたしって○○で～～なの」とか「わたしは女なの」とか「僕は○○歳だ」または「わたしは人間です」などと言うと、それを確定させて人格を固めます。そこにはまさにエナジーの磁気的青写真がはびこっていて、それが一つの特異なエンティティを体系づけて行きます。身体が亡くなってからも、それは固まったあなたとして、別の選択をするまで存在することになります。

選ぶことが、身体がある人もない人もほとんどの人にとって、大きな鍵となります。選べることに気が付かないのです。

質問：もし身体が死んでも、別の選択をするまでこの現実でここにエンティティは残るっていうことですか？

シャノン：そう、必ずそうとは言えないけど、そうです。そして身体がなくなるたびに、あなたが知っていたこと、やっていたこと、どんなだったか、考えていたことなどの、磁気的痕跡、または青写真をあなたは伴っていくことになります。あなたはエンティティとして存在し続けますが、この今あなたが体験している身体はそうはいきません。

質問：あなたはエンティティが見えますか？

シャノン：見えます。

質問（同じ参加者）：どうすればエンティティが見えるようになりますか？

シャノン：あなたは視界の隅っこで何か動いたような気がして、そっちを振り向いたら何もなかったようなことはありませんか？

参加者：あります。

シャノン：それがエンティティです。エンティティを見たり感じたりするための最初のステップは、それをやるたびに、それが起こって毎回「あれは何でもなかったわ」と否定しようとする時、そうせずにまず認めることです。あなたが出来たことを、いくら筋が通らなくても認めることです。

ある部屋に入って「うー、なんかゾッとする」または「今すぐここを出たい」となったことはありませんか？ どんどんそれを自分で認めていくと察知力とその才能が研ぎ澄まされます。こういったことを無視したり否定したり抵抗したり拒んだりすることでそれは減少します。他に人がエンティティを察知したり、付き合っていくうえで、予測や期待を持ってしまうということが言えます。そしてもちろん恐れを抱くということも。

恐怖心というのはとても大きなトピックです。みんなが霊界の真相についてもっと学んで、本を読んだり映画を見たりしたことをそのまま鵜呑みにすることを止めて、エンティティに大きな気づきと安らぎを持ち始めてくれるとうれしいのですが。

みなさんはエンティティが決まった現れ方をすると期待しがちですが、この期待することが実際にそこにあるもの察知することをさせないようにします。

エンティティについての予測、期待、恐れを変えて行くには、他の人から信じ込まされたそれらのすべてのことを壊して無かったことにしましょう。それらを持っていた元の人に送り返しましょう。そしてそれが十分にできた時、うまくいけば自分自身の現実の全体像が見えてくるでしょう。

あなたが決めつけていたエンティティがどう見えてどんな風かということをすべて壊して無かったことにしてくれますか？ それが全部変われば、期待したりジャッジすることなく、エンティティが見てほしい姿のそのままが見えてくるようになります。

みなさんにとってエンティティが見えるとはどういう意味でしょう。なぜならその意味付けこそが、あなたがエンティティについて創り上げ、時間を超えて持ち続けたものであり、それがあなたを特定のものの見方に留め、それによってエンティティがこう見えるべきだと「思わせ」るのです。そして、エンティティがどのように見えるかを困難なものにしているのです。

返答：エンティティって責任、または奇術やまじない、幽霊のような姿というような意味だと思います。霊！ さまよう魂！ どこにも行けない！

シャノン：そう、面白いと思いませんか？ 実はエンティティってわたしたちと同じなんです！ それはただ、違うエナジーに気づき、そこにあるものを受け取ることであり、そこに何があるかを「考える」ことではないのです。どうしたらそうできる？ みなさんはエンティティはとても恐ろしい存在で、ひどい目にあわされるし悪いものだという見解から機能してしまいがちです。そんなことはないんですよ。

質問：わたしには人生の足かせになっているようなエンティティがついていますか？

シャノン：あはは、みんないろいろなことをエンティティのせいにしたがります。トゥルース、あなたには人生の足かせになっているようなエンティティがついていますか？ それともあなたの身体を助けようとしているビーイングがいる？

返答：わあ！ そうですね、身体を助けようとしているという方が納得いきます。面白いです。そんなふうに考えたことがなかったので。何がどうあれば彼らの言うことが聞けるようになりますか？

シャノン：「もっと受け入れられるようになるには？」と問いかけた方がいいですね。受け入れると彼らが与えてくれるものを得ることができますから。

ではあなたは身体にどんな気づきを持ってきましたか？ ここでみんなも一

第3章　137

緒にこれをやってみてください。あなたの身体を手助けするためにいるエンティティに、避けられないような感覚を与えてくれるよう頼んでみましょう。さあ、どんな感じがしますか？

　返答：頭に圧迫を感じます。

　シャノン：今度はあなたの身体の健康とコンシャスネスの手助けをするためにいるエンティティに、見逃したくないような感覚を与えてくれるよう頼んでみましょう。さあ、どんな感じがしますか？

　返答：圧迫感がないです。軽くなりました！うわー、身体中がしびれるような感じがします。

　シャノン：このようにして彼らと彼らの存在に感受性を高め発達させていきます。身体はあなたよりもずっと気づきたがっていて、あなたが霊と素晴らしいコンシャスネスにつながるような情報や感覚を察することができます。あなたの身体はエンティティをハグする受容体なのです。身体は常にあなたとコミュニケーションを取ろうとしていて、あなたのまわりのエナジーに何が起こっているのかという情報を届けようとしています。でもあなたはそれをただ「なんだか暑いわ」とか「頭が痛い」などと思い違いしているのです。

　それらはエンティティがそこにいることを身体があなたに伝えようとしているのかもしれません。それは咳や手足がピリピリしたり鳥肌が立ったり他にもいろいろな方法で現れてきます。

　質問：わたしはお葬式に行くとコントロールできないくらい泣きじゃくります。誰のお葬式でも関係なくそうなります。これは何でしょう？

　シャノン：他の人が表情に出していないことを、あなたはどのくらい拾っていますか？「これは誰のもの？」が当てはまる典型的な事例です。

　参加者：わたしは本当にエンティティを感じたり気づいたりしたいのですが、

何も感じたり気づいたりできません。

シャノン：まず、あなた自身が何を知覚し、それがどのような形で現れているかを認めなければならないですね。エンティティとのコミュニケーションはとても微細なものです。五感を超えたところを発達させるということです。それは人によって違った現れ方をしてきます。ということは、決まったやり方が当てはまらないのです。自らを信頼し、そうしたいと思うことが必要です。自分で本当で真実だと決め込んでいるところを抜け出し、知覚の仕方を変え、それを手にいれることを厭わないということです。

質問：疑念が沸いて来ているのですが、何でしょう？

シャノン：疑いはディストラクターという気をそらすもの一つで、何かのその奥または影で何が起こっているかということから気をそらすためにあるものです。恐れもまたディストラクターの一つです。ディストラクターは、あなたにとって何が本当かを見ることを邪魔するものです。疑いというのは絶対に本物ではありません。この疑いや恐れの奥には何が？ と問いかけてください。

参加者：そうですね、わたしは自分の能力をどう使えばいいのか分からない気がします。

シャノン：ディストラクターは自分の秘めたる力や能力をあなたが見ないようにさせてきました。自分たちの能力を怖がるなんておかしなことではありませんか？ そう見えるもののすべてがその逆で、そう見えるものの逆は一つもありません。

もしあなたがそうしたいと思うなら、そのやる気が大きなものとなります。もし恐れや疑いを払いのけたい、それらを本物と捉えたくないと思えるなら、もっと本来の自分に、もっと自分の能力にアクセスすることができます。疑いや恐れを受け入れ続けているなら、その部分には制限がかかったままでしょう。

面白いことに、みなさんはエンティティにすごく力を与えています。映画で

見たり、霊について聞いたりしたことをそのまま信じているのです。いいですか、それはおかしなことです。エンティティはわたしたちと同じなのですから。賢いものもいれば、そうでないものもいます。自分が死んだことに気づいてもいないものまでいるのです。

質問：わたしは自分でその能力を締め出してしまったと分かっています。その部分を閉じてしまったんです。このような場合にも選ぶことができますか？

シャノン：もちろんできます。いつもまず選ぶことです。それからあなたが決めたこと、ジャッジしたこと、定めたことをすべて壊していくと、難しくさせていた誤った方向から戻すのに役立ちます。

それから気づきは筋肉のようなものだと覚えておいてください。それが間違っていると思ったり無視したり認めないと、そのたびに衰えてきます。あなたが「そうだわ、感じたわ!」と認めるだびに、鍛えられて強くなっていくのです。頭ではっきりと何か分かったり理解できたりしなくても、そこにあったことや起こったことを、あなたが認めるなら、それはたやすいことになっていきます。もちろん、それが難しいとか怖いということを強調し続けるよりも、たやすくなるよう問いかけることが役に立ちます。

質問：時々眠っていると、誰かがわたしの名前を呼ぶのが聞こえます。はっきり聞こえて目が覚め、仕事に遅れるとか、彼氏が呼んでいるのかと思います。でも飛び起きて、寝室を出てみると、彼はすでに出かけていて誰もいないし。ただ、確かにはっきりと呼ぶ声がするんです。

シャノン：それは彼の声ですか？　それとも彼の声だと思い込んだのですか？

返答：彼の声だと思ったんですが、違うみたいです。こんなことが何度もあります。

シャノン：あなたが今まで住んでいたどの家でもありましたか？

返答：おそらく。でもほとんどは、今一緒に住んでいる家で起こります。前に一度、車から出ようとしたら、誰かに腕をつねられたような感じがしたこともあります。

シャノン：名前を呼んでいるのが聞こえることは、あなたが思っているより一般的によくあることです。朝早くそれが起こるのは、おそらくあなたが一日で最もリラックスしていて、他の時間帯よりも受け入れることができる時間なのでしょう。だからその時に彼らが分かるのです。もしまたそれがあったら、今度はそのまま彼らと話してみてください。エンティティにこう言ってみてください。「こんにちは。もう少し分かりやすくしてくれない？ あなたが何をしていて何を言っているのか、よく分からないの。今はよく感じることができないの」

返答：やってみます。ありがとうございました。

質問：家にエンティティが憑いていて、わたしたちを追い出したいと思うことがありますか？

シャノン：もちろん。エンティティもわたしたちと同様に「これはわたしの家、わたしの彼、僕の彼女、わたしのペット」というような視点を持っています。なので時折、この家から今すぐ出なければいけないような衝動にかられることがあります。もしくは、その波動をただ感じることもあります。エンティティにとり憑かれた家はかなり普通にありますよね。わたしだったら、死んだ後でその家に延々とつきまとうようなことを選ばないと思いますが、それはその人次第です。

返答：わたしの家に霊だかスピリットがいると思います。一度、とても怖い音を出していたことがあります。別の時には、それがわたしと弟に何かしようとしたんです。それでわたしの方が強いんだと知っているので、出て行けって言いました。

シャノン：すべてのケースで出て行けと言ったり、自分の方が強いと決めつ

けなくてもいいと思います。強さとは、変えたいと思うその気持ち。その状況で違った結果を創るのに、どんなことが変えられたでしょうか？ そのことを何のジャッジも、ものの見方もなく見ようとするなら、さらに大きな秘めた力が働き変えることができます。多くの人はそれを隠そうとして、「こんなのは見たくない」とか「こんなことに関わりたくない」などと言うのです。それでは誰が力を握っていますか？ あなた？ それともあなたが見たくないものが？

彼らを受け入れたくないという気持ちが、彼らに力を与えてしまうのです。

誰かに出て行けと言って、みんなが去ってくれますか？ それともしつこくそこにいる人もいる？ これはエンティティにも同じことなのです。

返答：彼らを見たり、彼らといることは何かを意味するようで、人生が変わりそうです。

シャノン：そう、そうなんです。あなたの人生を変えられる。それで何が変わるのか気づいていますか？

返答：はい、何かを見る目が全く変わってきます。

シャノン：素晴らしいですね。これよりもっといいことが？ いいですか、わたしたちがエンティティを重要視してしまう、それはたいがい嘘なのですが、それが困難を創り出すのです。エンティティとのコミュニケーションは大したことではなく、難しくもなく、怖いものでもありません。

世の中にはビーイングがたくさんいます。家族や友だちかもしれないし、ただ挨拶したいだけで、逝く前に最後のさよならを告げたいだけなのかもしれません。

この例は「古い家族の友だちが訪れてきた」の中に、家族の古くからの友だちのマリーが亡くなった後でわたしに会いに来てさよならを伝えてくれた話として載せました。もしわたしが拒んでいたなら、彼女はわたしに伝えるため

もっと苦労しなければならなかったでしょう。

人はエンティティに対して次のようにします。彼らが悪いものだと考えているため、拒むのです。わたしも最初は怖いと感じながらも、彼女を受け入れたいという思いによって、お互い優しさと思いやりを共有できたのです。

質問：エンティティと目標のようなものがあるのですか？ エンティティはクリアにするものと聞いていたのですが。

シャノン：そうですね。彼らをクリアにするのはいいと思いますが、彼らとコミュニケーションを取る方がふさわしいこともしばしばあります。わたしは、ただそれぞれその時の状況に何が必要かに気づくだけです。エンティティのクリアリングは大きな変化を生み出し、エナジーをシフトさせることができます。目標については、エンティティとのわたしの間のことしか言えません。

返答：それは何ですか？

シャノン：完全なアウェアネスを持つこと、そしてそれがどんなものかまだ模索中です。

質問：わたしは大概彼らが去るように仕向けているような気がします。

シャノン：あなたはどれだけ、起こっている問題を見るかわりにただ問題をなくすようにしていますか？ それはうまく行っていますか？ それともだいたいいつも対処すべき問題を変化させるためには見ないといけない？ もし、そこに何の問題もないことだとしたら？ もしなくす必要があるものなどないとしたら？

質問：ということは、いつもエンティティをクリアにしなければならないということではなく、彼らがそこにいることに気づくということですね？

シャノン：そうです。

質問：あなたの1年前のクラスを覚えています。ある女性が身内の誰かをクリアにしようとしていて、その身内は怒り出してしまった！

シャノン：そうでしたね、彼女のおじいさんかおばあさんだったと思います。彼らのものの見方は「あっちへ行けとはどういうことだ？」というものでした。これはわたしが言いたいことをよく表しています。わたしの記憶が間違っていなければ、そのクラスに来た女性が人生をよくするために望んでいたことを手伝うために祖父母がやって来ていたんです。その女性はそれを知らずに、その手助けを受け入れようとはせず、ひたすら祖父母をクリアにしようとしていました。

質問：それでは基本的に、わたしたちはいつクリアにするのかと、いつ彼らを受け入れるのかに気づかないといけないとういうこと？

シャノン：そう、クリアリングをしてもいいし、コミュニケーションもいいでしょう。ただ何が求められているのか気づきを持つことです。

質問：たくさんのエンティティがわたしのところに来ています。彼らにわたしをファシリテートするために来たのかと問いかけている時には、すごくエナジーが満ちてくるんです。

シャノン：それがまさにわたしが言わんとするところです。あなたに一つ聞いてもいいですか？あなたはチャネラーですか？

返答：………。

シャノン：これはイエス、ノーどちらかです。クラスのみなさんはどう思いますか？

クラス：イエス！

シャノン：あなたは自分で気づいていますか？

返答：はい。かな？

シャノン：ある程度は気づいているようですね。だって今のあなたはいつもと全く違って見えます。目の中にはあなたではない存在が見られます。自分でも体の中にエンティティが来ると言ってましたよね。それがあなたにとって何なのかを探ってみたらどうでしょう？ おじけづいているようですが、自分にとって使えるいいツールやキーをいっさい使えるようにならないと、その能力を持つことはできません。

あなたのようにチャネラーの能力がある人は、まず何が起こっているのか認めること、それからその能力をどう使うかを学ぶのです。エンティティのことで秀でた能力のある人がたくさんいますが、何が起こっているのか分かっていなかったりします。それらで統合失調症、双極性障害、うつ病、自殺傾向、多重人格障害、強迫性障害、注意欠陥・多動性障害そして自閉症などの多くの「行動」障害が現れてきます。自閉症には他のトピックも大きく絡んでくるので、今はそのことには触れませんが、自閉症の人はすごく霊感が強いだけでなく、サイキック能力がとても優れているのです。もし彼らがコンシャスネスの高い進化した人種だとしたら？ もし彼らが精神障害と呼ばれているようなものではなく、鋭いサイキックな能力を持っているのだとしたら？

統合失調症は複数のエンティティと関わり合っています。彼らは狂っているわけではないし、彼らに悪いところがあるわけでもありません。実は、彼らには目を見張らせるほどの何かすごいものがあります。自閉症の人は知的障害ではなく、ものすごくサイキック能力が発達していて、この世の鈍さとのろさに合わせられないのです。

現在わたしたちができることよりも、もっと違った機能の仕方を、そのような人々が世の中にどんなことを教えてくれたり見せてくれたりできるでしょうか？ エンティティに関しての能力を持っていながら自分で気づいていないなんておかしいでしょう？ わたしは面白いな、と思いますが、みなさんはじれっ

たさを感じたり、変だと感じるかもしれませんね。

　これらすべてに対し、もっとエネルギー的でありたいと思うのなら、これは納得しようとしたり、何か固定化しないという意味です。そうすればもっとたやすくなるでしょう。エンティティと話すとはいろんな方法で現れてくるのです。わたしが見て来た大きな間違いは、エンティティとのコミュニケーションは、身体のある人とのコミュニケーションと同じようにできると人は思っていることです。そういうこともたまにはあるのですが、それは極めてまれな方法です。ほとんどが言葉を用いたコミュニケーションではなくダウンロードのようなものです。電光石火のごとく、ぱっとすべて伝わってくるのです。この現実で行われているコミュニケーションよりも圧倒的に早いのです。なのでほとんどの人が何も入って来ないと思っているのですが、来ないのではなく、ものすごく早いのです。

　返答：そうなんです。いつも言葉は聞こえないんです。

　シャノン：それはあなたに言葉が聞こえないのか、それともあなたがが慣れてない方法で来ているの？

　返答：なるほど。わたしに入って来ているものをどうしたら理解できるようになりますか？

　シャノン：まずは自分を信頼することです。さっきも言ったことと同じように、これもやって行けばどんどん簡単になってきます。わたしの場合、彼らが何か伝えたいことがある時が分かります。彼らと同じ気持ちにさせられたり、匂いや味がしたりさせられるのです。それらは様々な方法でやってきます。入って来た時にそれらを認めるようにすることです。その入ってくる方法はエンティティの伝え方によって違ってきます。彼らの中にはコミュニケーションが上手いものもいれば、そうでないものもいて、人間と同じなのです。

　質問：とり憑いていたエンティティが去ると彼らはどうなるのですか？　どこへ逝くのですか？　エンティティランドはどこですか？

シャノン：わー、これはすごい質問です。正直なところ、わたしがちゃんと答えられるどうかは分からないです。彼らの世界がどんなものが知ろうとする時の落し穴が、そこにはこの現実と同じような時間と空間がないということです。少し考えてみましょう。わたしたちの世界にみんなが知っているような時間というものがなかったら、どんな風でどんな感じなのか、それはものごとが順番に起こるのではなく、一度にすべて同時に起こるという意味です。もう一度想像してみましょう。自分と空間との関わり方が全く違う、または空間というもの自体がない、空間での、ものごととあなたの関わり方が違ってくるという意味です。あなたとすべてのものには測れる距離というものがなくなるのです。上も下もなく、右も左もないのです。言い表すことのできないただの空間があるだけ。それがどんな感じか分かれば、それに近い彼らのところも知ることができるでしょう。

返答：わかりました。なんだか頭がぶっ飛びそう。（笑）

質問：去年、わたしのカウンセラーが亡くなり、その時わたしはとても悲しかったのです。悲しむことで彼をブロックしようとしているんでしょうか？

シャノン：いいところに気がつきましたね。では、みんなでじっくり見てみましょうか？ 彼は今ここにいます。あなたは彼と話がしたいですか？

返答：ええ、そう思います。

シャノン：それならツールを教えるのでわたしと一緒にやってみましょう、あなた一人でもできますよ。まず彼にあなたの手を握ってくれるよう頼むところから始めます。そして彼を見て、何を伝えたいのか感じます。

返答：やってみます。すごく軽く感じます。

シャノン：もっと彼をよく見てください。かつてのように彼があなたのためにここにいれるようにさせてあげてください。

返答：はい。

シャノン：誰か亡くなったら永遠に消え去ってしまい、お別れで二度と会うことがないと大きな勘違いがされています。これは本当ではありません。正直に話すなら、身体が死んだなんて大したことないんです。彼はまだここにいて、このケースでは生きていた時と同じく、今でもあなたのために側にいられるのです。ただあなたはそれを別の方法で受け入れられるようになる必要があります。彼とはバイバイ、永遠に去ってしまったのではなく、彼は今ここにわたしたちと一緒にこの部屋にいて、あなたの手を握っています。あなたが放ち始めているエナジーは、彼が亡くなってから初めて彼から受けるものです。あなたはどんな感じがしますか？

返答：びっくりです。こんな感じがしたことは今までありません。暖かいものがゾクゾクと身体中に巡って、なんだかすべてがどんどん軽くなる感じです。

シャノン：いいですね。その感じでやっていきましょう。今あなたは彼と同調することができたので、好きなだけ彼とつながるようにしてみてください。彼がそこにいるのをはっきりと感じますか？

返答：はい、そう思います。

シャノン：あなたはラッキーです。彼ははっきりしているビーイングですね。とても上手に彼は伝えることができています。すべてのエンティティがこうではありません。

質問：数年前に自殺した友だちがいました。彼女がよりいいところにいると思うとうれしかったのですが、まだ去っていないと知っていました。彼女がまわりにいるのが感じられたのです。それから3か月くらいたったある時、夜中に目が覚め、いきなり彼氏がわたしの方を向き、話し出したその声が彼女の声だったのです。わたしの名前を呼んだのですが、それは彼女しか使っていない呼び名でした。そして「もう逝くわ」と言って去ったのです。彼女はも

う逝ってしまったと思いますか？

シャノン：はい、そうですね。

質問：ということは、わたしたちがエンティティをここに留まらせておくことができるのですか？彼女の友だちのように自殺した人とか？わたしたちの感情や何かでエンティティが去ることを妨げたりできるのでしょうか？

シャノン：そうです。それがまさに彼女の友だちに起こっていたのです。自殺だったため、みんな「まあ、なんてひどいこと！」というものの見方を採用したのです。誰かが亡くなるということを大げさなことにしてしまうことで、そのビーイングを動けなくさせてしまい、自分たちの選択に迷ってしまうことになります。

質問：動物はどうですか？

シャノン：それもそう、あなたがペットをとても大切な存在としているなら、うろうろとしていることもあるでしょう。彼らはあなたのお願いを聞いて、その思いを尊重したいからです。あなたがまた自分のペットとして戻ってきてほしい、もしくは彼らがペットとして戻ってきたいと思っているなら、彼らにそう頼んでみましょう。彼らがあなたのことを好きであったなら、ほとんど戻ってきてくれます。

これからみなさんの中には何かが違うことに気づき始める人がいるでしょう。本当にエンティティを感じる能力を高めたいと思うなら、このエクササイズをやってみてください。今晩ベッドに横たわったら、まずリラックスします。バリアを意識的に下げてみます。気づいていても、気づいていなくても、人はエンティティに対してバリアを張る傾向にあります。意識してバリアを下げて、そこに何があるか知覚するようにしてください。「ここにわたしと話をしたいエンティティがいる？」というような質問からスタートします。質問をすることで、気づきを得ることができます。

今晩やってみて上手くいかないようなら、また明日やってみてください。静かに座って波長を合わせられる時間を選びましょう。

（参加者に）：それをやってみて、どうでしたか？

参加者：まず、わたしはすべてのエンティティが怖かったし、攻撃されるものと思っていました。シャノンの言うとおりにやってみて、驚きました。彼らの名前も分かったし、彼らがわたしをサポートするためにいて、この人生でずっとサポートしてきてくれていたんです。完全にものの見方が変わりました。エンティティは怖くないです。さらに、もっと彼らのサポートを受けたいとも思えます。シャノン、ありがとう。

質問：わたしはエンティティ・クリアリングをしていても、できているのかどうか分からないのですが？

シャノン：その言葉を口から出していれば、そうなります。感度を高めるには、わたしでもけっこう時間がかかりました。なのであなたも続けていけば高まってきますよ。

気づいたことがあるのですが、わたしは部屋に入り「ここに何かいるかしら、やってみてどうなるかみてみようとエンティティ・クリアリングをする際に、クリアリングをしながら深呼吸をしていると気づきました。これは何かが起こったことを示しています。ただ、「ここで何を感じてる？」と聞いてみてください。微細なエナジーに気づいてみて。

質問：わたしは農場を買ったばかりなんですが、時々それがすごく重いのです。どうして買ってしまったのかと思ったりします。そこの土地のエンティティをクリアにするべきでしょうか？

シャノン：その通り、彼らをクリアにするべきです。その土地を守ってくれるものを除いて、あとは去ってもらうべきです。徹底的にやって、ツールを使ってください。

質問（子供）：家の中の暗いところが怖いんです。

シャノン：家の全部の部屋が怖いの？ それともいくつかの部屋が怖いの？

質問：たいていは、部屋に続いている廊下。弟の部屋に行くと電気をつけて、後ろのドアと戸棚の中を見ちゃいます。

シャノン：2つのことが当てはまります。一つは、そう、あなたはエンティティとエナジーを感じているの。まずね、これかからも時々あなたは怖くなっちゃうこともあるってこと。わたしだってまだ怖い時もあるのよ。でもわたしは彼らに人生を支配させない方法を学んだの。あなたが怖がっているエンティティは助けを必要としているのよ。彼らを助けてあげたいと思える？

子供：うん。

シャノン：どんな陽気な楽しいエナジーがあるか問いかけてみて、遊び相手を求めてみて。彼らを怖がっているよりも一緒に楽しめたらいいと思わない？ じゃあ、あなたは家族の中でエンティティに大きなアウェアネスを持つリーダーになりたいと思えるかな？

子供：えーっと、思える。

シャノン：じゃあ、そのエナジーへの入り口が開けばいいですね。わたしたちは始まったばかりなのです。それを選ぶわたしたちは地球でのコンシャスネスを変え始めていくことになります。宇宙のすべてはエナジーでできていて、すべては思考・感覚・感情、そして身体すべては分子の波動でできていると科学で伝えられています。

すべてを創っている分子を知覚して、分子どうしの空間にも気づきを持ってみましょう。

あなたは分子の間の空間であり、その空間になることをいとわないのであれば、すべてがあなたの中にあることが分かってくるでしょう。あなたはものごとに左右されるのではなく、あなたがものごとを左右しているのです。あなたがありのままの自分でいたい、世の中を変えたいという気持ちがもとになってすべて変えることができるのです。

すると、宇宙のコンシャスネスがおのずとあなたのところにやってきます。あなたに最も大きな力を与えることができるのは、あなたのコンシャスネスです。あなたがもっとコンシャスになればなるほど、もっと力が与えられ、目覚め、開化され、すべてのものとすべての人と素晴らしい可能性を創っていくことができるのです。人が選ぶ選択肢のみが、この星で唯一アンチ・コンシャスネスを生み出すのです。

では、このクラスもそろそろ終わりにしましょう。あなたのファシリテーションのためにここにいるエンティテが求めているエナジーをみんなで贈ってみましょうか？

いい感じですね。今度は彼らとのつながりをすべて断ちましょう。そして、ありがとうと感謝し、もう去ってもいいと伝えましょう。

みなさん、今日は参加していただきどうもありがとうございました。そしてエンティティと他の可能性を求めようとしてくれたことにも感謝を。

クラス：ありがとう、ありがとう、本当にありがとう。

Talk to The Entities　トーク・トゥ・ザ・エンティティズ　霊と話そう
Copyright ©2014 シャノン・オハラ
日本語訳 : 大橋あみな / 編集 : 鐘山まき

すべての権利は保護されています。この出版物のいかなる部分も、あらかじめ著者からの書面による許可なくしては、電子的または機械的、写真複写、録音またはその他のいかなる形式や方法によっても、複製、情報検索システムでのデータ保持、または再配布することはできません。

著者と出版社は、本書についていかなる身体的、心理的、感情的、精神的、または経済的な結果を保証するものではありません。著者によるすべての商品、サービス、情報は、一般的な学習と娯楽のみの目的で提供されます。ここに提供される情報は、医療またはその他の専門的なアドバイスの代替になるものではありません。本書籍に含まれる情報の使用によるいかなる出来事においても、著者および出版社はその行為の責任を負うところではありません。

日本語第2版　2017年4月13日

ISBN #: 978-1-63493-110-6

出版元
Access Consciousness Publishing, LLC
www.accessconsciousnesspublishing.com
Printed in the United States of America

www.ingramcontent.com/pod-product-compliance
Lightning Source LLC
Chambersburg PA
CBHW011741220426
43661CB00061B/2867